図解

田中角栄に学ぶ最強の実戦心理術

昭和史研究会◉編

Let's Learned from Kakuei Tanaka.
The control way of thehearts
of the people.

彩図社

まえがき　角栄から学べ！

田中角栄の人気は、根強い。

死後4半世紀ほどが経過したいまでも、ファンが減っているようには見えない。ビジネスマン、主婦、学生などなど、幅広い層に支持されている。果たして、その角栄人気の理由は、いったいどこにあるのだろうか？

まず何より、親しみやすい出自だろう。東大出身のエリートではなく、高等小学校（いまでいう中卒程度）からの叩き上げで総理大臣にまで上り詰めたという、わかりやすいサクセス・ストーリー。私たちのような平凡な庶民と距離が近いにも関わらず、「今太閤」と呼ばれるまでの超大物政治家になったのだ。

もちろん、角栄人気はそうした経歴だけがもたらしたものではない。

人気を得られた第一の大きな理由は、角栄が持っていた「人の心をつかむテクニック」だ。演説にしても、実際の人間関係づくりにしても、角栄は常に人の心をつかんできた。

だからこそ、ロッキード事件で司法の裁きを受け、メディアからは「金権腐敗政治」とバッシングされながらも、その人気は衰えることがなかった。さらには死んだ後まで、なお人の心をつかみ続けている。

人気を不滅のものとした〝角栄流の心理テクニック〟とは、どのようなものなのだろうか。

私たちもそのテクニックを身につければ、職場、学校を問わず、あらゆる人間関係で役に立つに違いない。

なお、伝えられている角栄の言葉のなかには、実際に語ったかどうかわからないものもある。

しかし、その言葉もあえて本文中に取り上げた。言葉とはその人物の本質を表しているかどうかがポイントであって、厳然たる事実か否かということはさほど意味をなさない。歴史のなかで語り継がれる人物の言動は、常に虚実ないまぜになっていくものだ。真偽いずれにせよ、その言葉にすぐれた心理術があるならば、それを知っておいて損はないのである。

さあ、あなたもともに角栄からすぐに使える〝最強の実戦心理術〟を学ぼう！

図解 田中角栄に学ぶ最強の実戦心理術

CONTENTS

第四章「政策」編

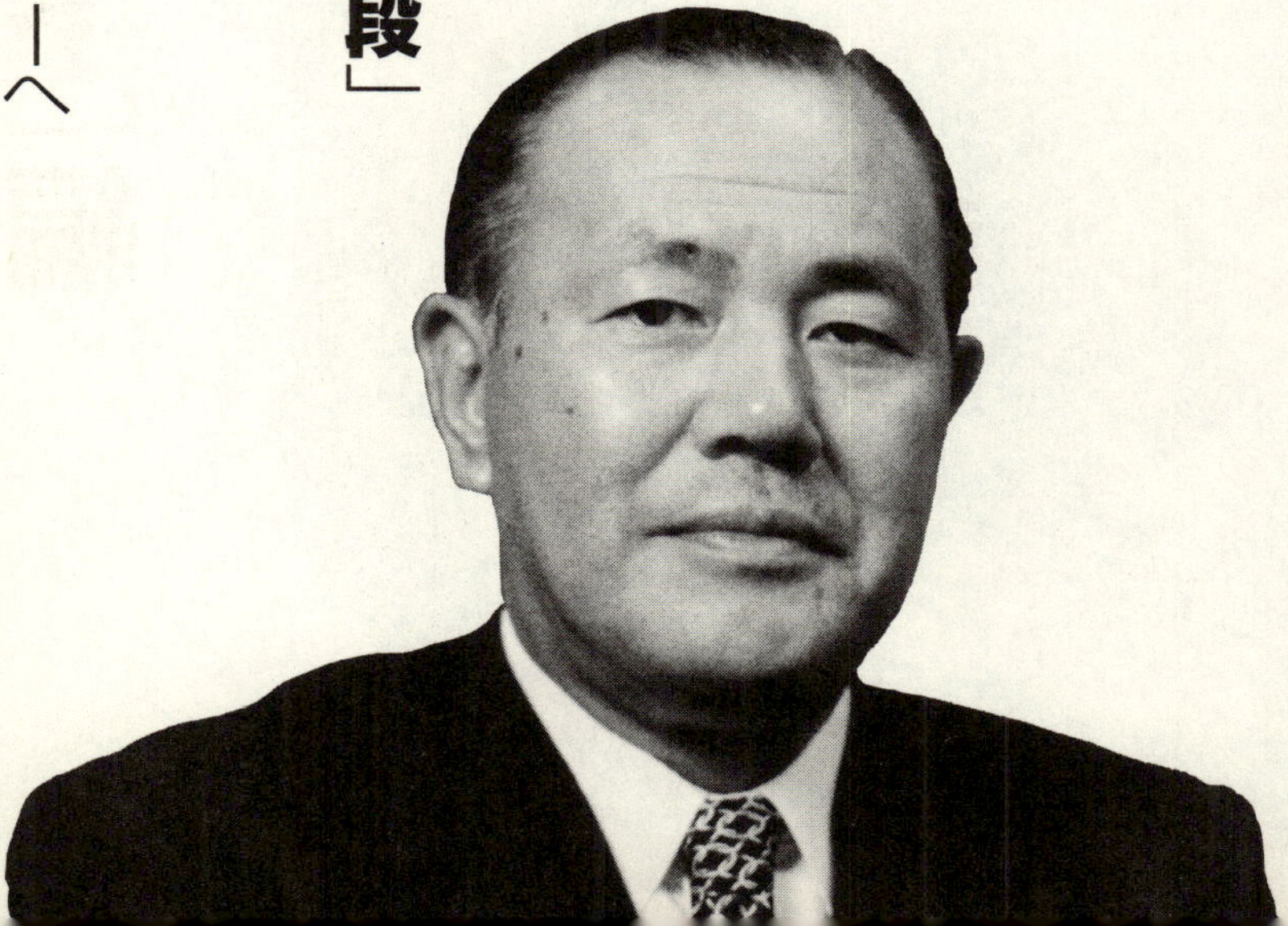

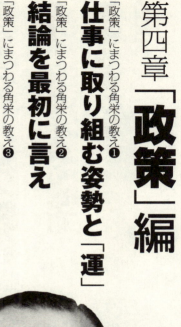

第一章「カネ」編

世の中で、その使い方がもっとも難しいのが「カネ」。
効果的なカネの使い方を覚えれば、相手を自在に操れるかもしれない。
そんな〝カネのチカラ〟〝カネの使い方〟を角栄の教えから学ぶ!!

角栄の金言

「結論が出たら、すぐに実行するのが私の流儀だ」

「カネ」にまつわる角栄の教え❶
数はチカラ　チカラはカネ

人に信頼される「カネ」の使い方

人を動かすためには、「カネ」が必要だ。

報酬を与えることで、人は指示に従う。どこの会社組織も、それなりの給料を与えているからこそ、社員が働く気になる。額に多少の不満はあっても、毎月しっかり支給さえしていれば、社員が安心して仕事に取り組める。

そして、会社の業績が向上すれば、高い給料やボーナスを弾むことになる。そうすれば社員は、イヤな仕事も率先してやってくれる。逆に、報酬に関して不満タラタラな社員は、上司の指示を素直に受け入れない。

そんな「カネ」のチカラを誰よりも熟知していたのが、角栄だった。

角栄による「政治は数、数はチカラ、チカラはカネ」という言葉は伝説のように語り継がれているが、実際にそう言ったわけではないようである。

よく言っていたのは、「政治は数、数はチカラ」というところまでらしい。

角栄はそれを単純に「カネ」へ結びつけて語ってはいない。民主主義は「多数決」が原則なのだから、「数はチカラ」というところまでは当然の結論だろう。

だが、そこにカネが必要なのも確かである。角栄が「数」を得るため、実際に「カネ」を使ったのは事実。

とは言え、その使い方は相手への配慮に満ちていたのである。

「カネ」をどのように使って、人を生かすのか。**「カネ」の使い方によって、人との信頼関係は左右される。**相手の頬に札束を叩きつけて従わせようとするようなやり方では、誰も信頼してくれないし、多数の共感も得られない。

角栄は、えらそうに「カネ」を出すことを避けていた。**「カネ」をもらう側の〝負い目〟を、できる限り軽減してあげようとしていたのだ。**

〃あって邪魔になるもんじゃない〃

元衆議院議員で、厚生大臣や自治大臣、通産大臣など数多くの要職を務めた渡部恒三は、角栄の〃カネの扱い〃に感動した一人だ。

だが当初は、角栄に対して反発心を持っていた。若き日の渡部が昭和44（1969）年の選挙に初出馬したとき、自民党幹事長だった角栄から公認をもらえなかったからである。党の幹事長は選挙を取り仕切る立場であり、公認などの人事に関して事実上の決定権を持っている。

その角栄が、渡部を公認しなかったのだ。

自民党公認をもらえなかったことでがっかりし、また、いささか立腹さえしていた渡部だったが、無所属でなんとか当選する。

すると選挙後、角栄が「会いたい」と言ってきた。

そのとき、渡部はこう思った。

「公認をくれなかったくせに、私が当選したからって、いまさら何だ」

だが実際に角栄と会って、渡部は驚いた。角栄はこう言ったのだ。

「君が当選できたのは、無所属だったからだよ。無所属だから、民社党と公明党の票がとれた。民社党と公明党は独自候補を立てていなかったからね。もし君に自民党公認を与えていたら、その票が逃げてしまった。まあ、いまから追加公認するから、許してくれ」

渡部がそこまで「票読み」をしていた角栄に感心していると、角栄が不意を突いた行動に出る。角栄は「公認料だ」と言って100万円の束を三つ、渡部の上着のポケットに素早く入れてきたのだ。それは、ごく自然な動作だった。渡部は、ポカンとするしかなかった。

「あって邪魔になるもんじゃないからね」

そう言って笑う角栄。

渡部はこの瞬間、角栄に「いっぺんで惚れてしまった」という。公認やカネをもらえたことがうれしかったわけではなく、角栄の細やかな気配りに心を奪われたのだ。

一億円を運んだことも……

かくして、渡部は角栄のもとで、国政に取り組むことになった。地元がそれぞれ福島と新潟という同じ北国。故郷を大切にする姿勢など、共通点が少なくない二人だった。

あるとき、渡部は角栄に1億円を渡され、届けるように言われたことがある。

5000万円ずつの二袋は、ズッシリとくる重さを両手に感じさせた。相手の事務所に到着したら、「田中からです」と言って手渡す。

もちろん、そのときの言葉遣いや態度は、**上から目線であってはならない**というのが、角栄の教えだった。すると、相手も自然に「ありがとうございます」で終わる。まったく無駄話はなかったという。相手に気を遣わせずにすませることが、角栄スタイル。

一般企業でも、社長がこうした角栄的な感覚を持っているかどうかで、だいぶ社員の〝質〟も変わってくることだろう。**それぞれの状況を把握した上で、さりげなく評価と報酬を与えてやれば、たいていの社員はやる気を出す。**

社長がえらそうにして、「お前らにカネをあげているんだ」……といった態度をとるような会社は、未来がない。

逆に、社員の立場として言うなら、〝カネのチカラ〟を過信・曲解している経営者がやっているような会社は、さっさと辞めたほうがいいということだ。

「カネ」にまつわる角栄の教え❶

上から目線であってはならない

対等に与えた場合

上から渡した場合

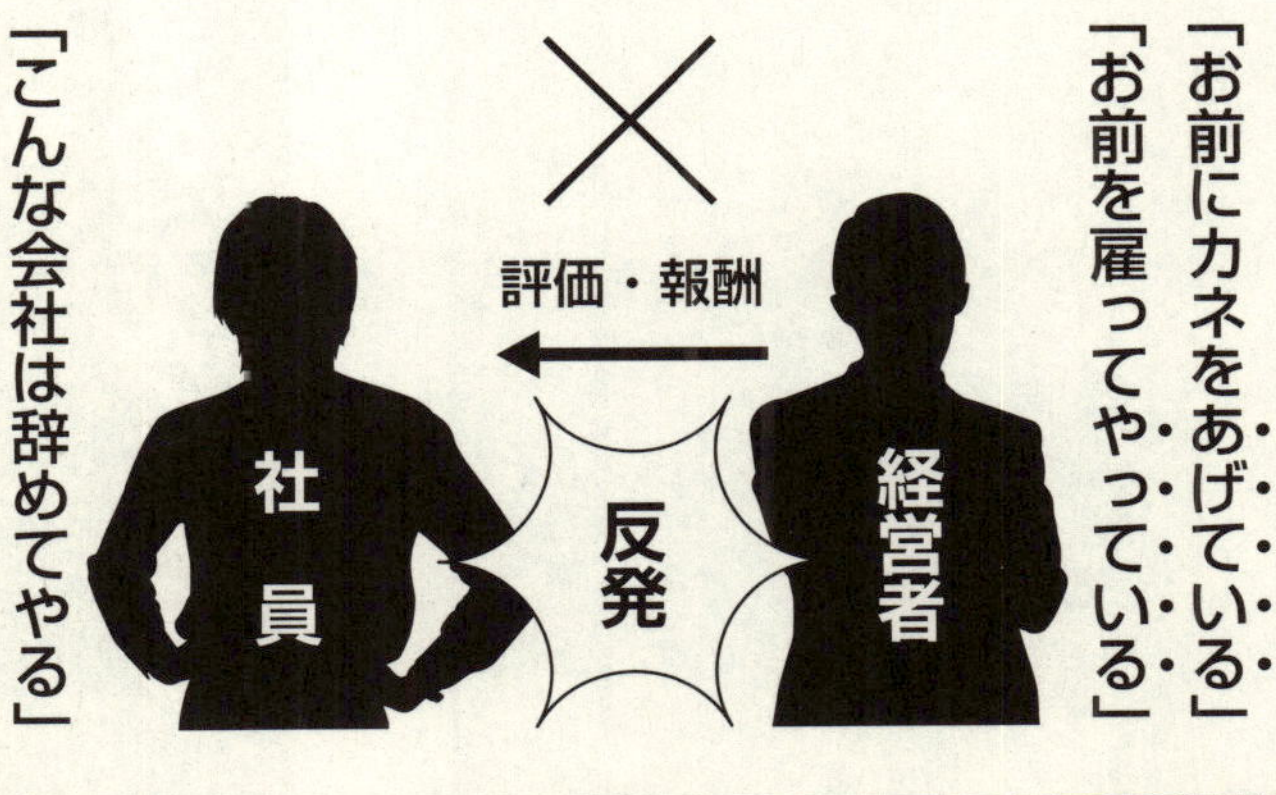

「カネ」にまつわる角栄の教え❷

カネを人に出すときのテクニック

「カネ」のやりとりは謙虚に

カネは、もらうほうも気が引けるものだ。

もちろん、もらうからといって、卑屈になる必要はない。だが逆に「もらって当たり前」と傲慢に思っているとしたら、その考えは改めるべきだろう。最低限でももらえる以上は、ありがたいと思ったほうがいい。

角栄の考え方は基本的に、傲慢ではない。演説ではダミ声で強気なことも言い放ってきた角栄だが、ベースとしては「人は謙虚であることが大切だ」と訴えている。

「カネをもらうほうも、あげるほうも、謙虚であるべき」……と、角栄は教えているのだ。

カネに関して傲慢になってしまっては、社会的に成功することはできない。

一方、角栄と同じ自民党に、福田赳夫という人物がいた。

田中角栄と福田赳夫。この二人の自民党内における政治闘争は「角福戦争」と呼ばれた。

角栄と福田は、まったく違うキャラだ。カネに関しての考え方も、違っていた。

〝ほれ、持ってけ〟ではダメ

福田は東大法学部出身で、大蔵官僚から政治家に転じたエリートだった。そんな福田は角栄ほど「カネ」と「情」「心理」を結びつける感覚を持ち合わせていなかったかもしれない。

一方の角栄が、もらう側に対して細やかな気配りをしたこととは対照的だった。

ある人が、福田のところにカネを受け取りに行った。

だがそのとき、カネを渡す担当者である福田の秘書は電話中であった。しかし秘書は電話を切ろうともせず、**片手で「ほれ、持ってけ」と言わんばかりの横柄な態度で茶封筒を投げ渡してしまった。**

その傲慢な態度に、渡された人は相当に不愉快な思いをしたという。

秘書はボスの体質を表す。福田も派閥政治にはカネが必要だとよくわかっていたが、その扱い方は角栄とだいぶ違っていたようだ。

だが、福田は決して道徳・倫理面や情緒において、共感力に欠けた人物ではない。日本赤軍が昭和52（1977）年に起こした「ダッカ日航機ハイジャック事件」で、犯人たちのムチャな要求（収監されている犯罪者の釈放）を飲んで人質を解放させたのは、当時総理を務めていた福田だった。その苦渋の決断においては、「人命は地球よりも重い」という伝説的な言葉が残されているほどである。

しかし、カネを通じた権力闘争に関しては、東大・大蔵官僚出身のエリートだったことが、福田にとって逆に弱みであったのかもしれない。

エリートが考える合理主義だけでは割り切れないものがある。それは「人」と「カネ」の繊細なつながりにほかならない。

少なくともカネに関しては、東大出身のエリートにはわからない細やかな配慮が、叩き上げの角栄にはあったのである。

角栄はむしろ**「カネを受け取ってくれて、ありがとう」**という姿勢だった。ここには、もらう側もバカではないのだから、あげた側の事情を理解できるだろうという前提がある。そうした理解をしてもらえてこそはじめて、「ありがとう」という心からの感謝の念につながっていくというわけだ。

また、角栄は「カネはかならず本人に渡せ」と、よく言っていたという。カネの価値やそれが持つ効果を熟知していたからこそ、本人に直接渡すべきだと考えていた。

また、本人に渡すことで、そのカネの意味をよく理解させたい意図もある。

裏ガネとして渡す場合に、本人でないと情報漏れする可能性もある。

そしてまた、200万円、300万円という札束を渡す場合の下準備にも工夫があったという。

ちなみに、100万円の札束の厚さは約1センチになる。

厚さ2~3センチという札束をむき出しで渡すわけにもいかないので、まずは紙で包んでテープでとめる。さらにその束のカドをテーブルに軽くトントンと打ちつける。すると札束のカドがとれて丸くなるわけだ。そんな札束を見せて、角栄はこう言ったという。

「こうすれば、ポケットに入れたり出したりするときに引っかからないからね」

なんと、内ポケットからの札束のスムーズな出し入れにまで配慮していたのだ。

視線がないところで「カネ」を渡す

必要であろうと思った相手には、自分の派閥ではない議員にもカネを配っていた角栄。

そうした事実を知られることは、お互いにメリットがない。そのため、角栄は秘書たちにこう言っていたという。

「人目がある場所で渡すときは、マスコミや一般の人たちの視線にも気をつけるように」

一台の車に、角栄と秘書とカネを渡す相手が同乗していた場合、どのタイミングで渡すか。なるべくすぐ渡したい場合でも、配慮しなくてはならない。

「私が降りた瞬間に、渡しなさい。私に周囲からの視線が集中するんで、他に注意がいかなくなっているからね」

これも、まさに角栄流の心理術だろう。

人前に出て、顔が知られている立場を熟知しているからこそ、こうしたところに目が届く。自分のポジションを理解しているわけである。自分がどのポジションにいるのか自覚していないと、カネの使い方もトンチンカンになってしまうということだ。

「カネ」にまつわる角栄の教え❷

カネをもらうほうも、あげるほうも謙虚であるべき

❶カネはかならず本人に渡せ

❷札束を渡すときにも下準備

❸人前で渡すときには周囲の視線に気をつける

悪い例

傲慢な態度では相手の反感を買うだけ

「カネ」にまつわる角栄の教え❸
角栄流の錬金術

人の心をつかんでこそ「カネ」がつかめる

角栄がカネを通じて、信頼関係や権力を手に入れてきたのは事実だ。

もちろん、そうしたパワーを手に入れられたのは、カネだけではない圧倒的な人間的魅力こそが最大の理由だが、その一方で**「実弾（カネ）」の効果的な使い方、効率的な増やし方といった方法論を誰よりも知っていた。**

それがのちに、「金権政治」だと批判されるようになった。しかし、その是非については、いまだに歴史的な結論は出ていない。

支持者たちはカネをもらうことで、角栄への信頼を増していった。また、角栄側はカネを使

うことで、政策的な部分でも従う子分が増えていった。そして角栄は、実権を強めていくことになる。

しかし、最初の疑問がある。

角栄はどうやって、カネを手に入れていったのだろうか？

角栄は錬金術にたけていた。そのセンスや発想力は人並み外れていたと言っていいだろう。

人の心をつかむ技術と同時に、カネを手に入れる技術にもたけていたのだ。いや、このふたつの技術は、相互に影響しあってこそ成立する。

人の心をつかむ技術があったからこそカネを手に入れることができたし、カネを手に入れる技術があったからこそ人の心をつかむこともできたと言っていい。

敵を作らずに土地開発で収益

信濃川の河川敷に関するエピソードがある。

新潟県を流れる信濃川は日本でもっとも長い河川として知られているが、やはりと言うべきか、流域では水害も少なくなかった。

ある日、この信濃川流域の土地で耕作している農民たちが、角栄のところへ陳情に訪れた。土地の所有者ではないが、耕作権を持っている農民たちだ。

「もっとしっかりした堤防を作ってくれませんか。信濃川が氾濫して、水浸しになってしまうことがよくあるんです」

実際、信濃川では3年に一度くらいの割合で、大雨による洪水や氾濫といった水害がひんぱんに起きていた。

しかし、角栄はすぐに首を縦に振らなかった。マンガなら、ここですぐに「じゃあ作りましょう」的な展開になるものだが、ことはそう簡単ではない。

このとき、角栄の心のなかでは、さまざまな計算が渦巻いていたかもしれない。陳情の際に、角栄はこう言ったのだ。

「いますぐにではなくても、そのうちに堤防はできますよ。堤防ができたら、みなさんが会社を作って、地域の開発に取り組めばいいじゃないですか」

だが、これに農民たちはいまひとつ納得できなかった。

「でも、あまり悠長なことを言っていられないんですよ……。ご存知のように、水害があると、ほとんど収穫ができないような土地です」

角栄は少し考えてから、答えた。

「よし、わかった。では、土地を買ってくれそうなところを紹介しよう」

地主と耕作権を持っている農民たちは、角栄のこの提案に乗った。

そしてその土地は売却されることになった。農民・地主は納得して、信濃川河川敷の土地を手放した。売買の仲介役となったのは角栄が設立した「室町産業」という会社だった。

ほどなくして、そのまとまった広大な土地に開発工事が始まり、堤防も作られた。農民たちは「アレ？」と思ったという。

鮮やかなまでに、角栄サイドが利益を得る展開となっていったのだ。この件は国会でも取り上げられたが、角栄は「知らなかった。そこまで計算づくでやったわけではない」と答えた。

この疑惑に関して、ジャーナリスト立花隆は批判的なニュアンスで書いたが、逆に、評論家の赤塚行雄はいくぶん肯定的にとらえている。角栄が陳情を受け、結果的に堤防が完成したという事実があることを認めたほうがいい……と赤塚は指摘している。

ただ、**より多く得をしたのは、農民よりも角栄のほうだった。**

農民の間からは「俺たち、角さんにうまいことやられちゃったんじゃないの?」という声も出ていたようだ。しかし、強い恨みにはつながっていない。単に口をポカンとさせただけ。

角栄は、人から恨まれずにカネ儲けをする能力にたけていたのである。

相手の心理につけこむといったら語弊があるが、極力、各方面に悪い感情を残さず、カネをうまく手に入れていたのが角栄である。

目立たずにさりげなく利益を手中に収めていくのが、「カネ儲けの極意」ということだ。

陳情をていねいに聞く

角栄はたびたび、「陳情」の重要性を語っていたという。

「陳情は、現代になくてはならない主権者の願いなんです。癒着の温床だとかマスコミは言うけれども、これは株主総会で声を上げる株主と同じですよ!」

この発言を読み換えると、「何かをお願いしに来た人を大事にしろ」ということになる。

一人ひとりの「心の声」に耳を傾け、できる限りウィンウィンの関係を作っていくことが、ビジネス現場でも大きく役立つのである。

「カネ」にまつわる角栄の教え❸

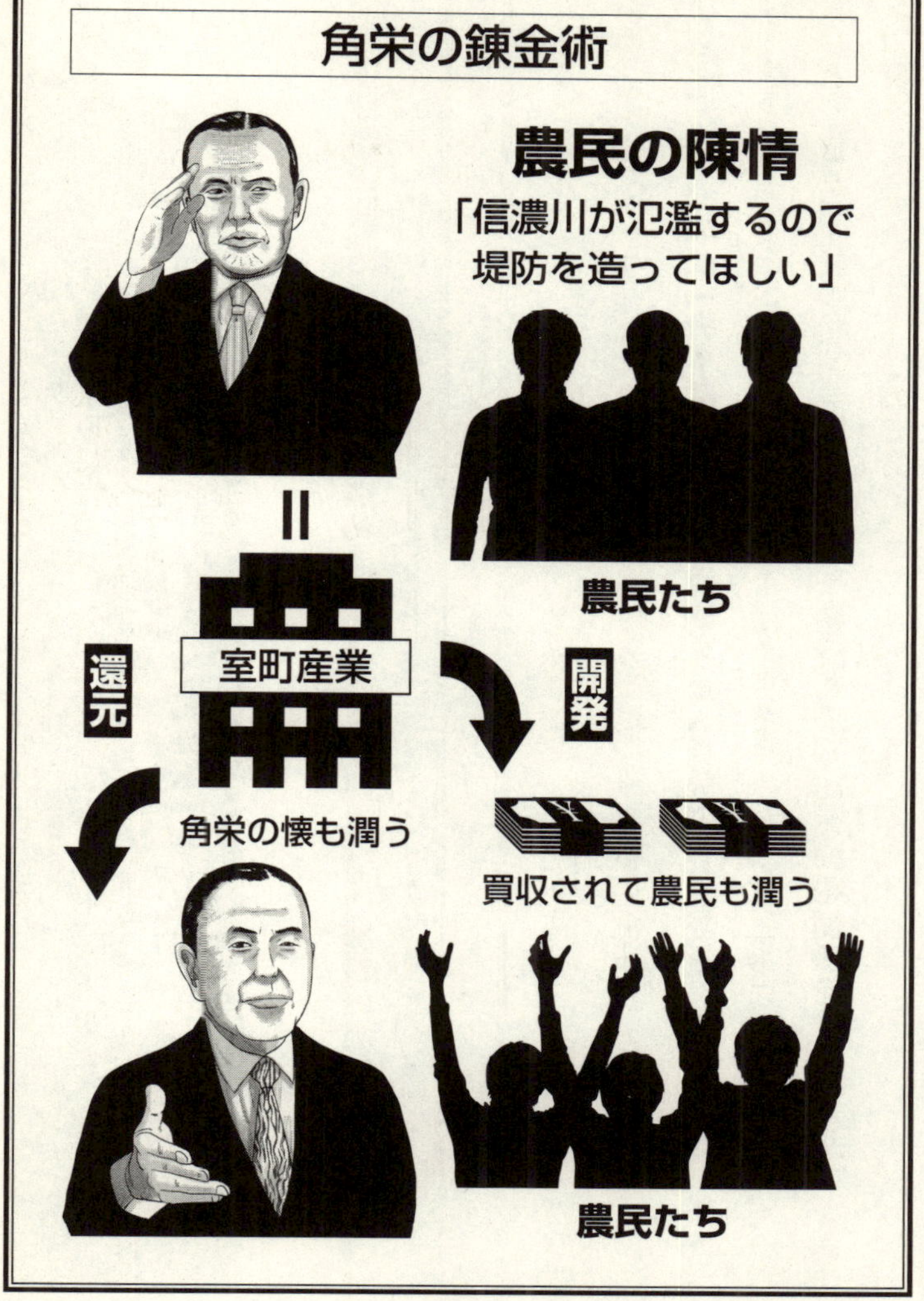
角栄の錬金術
農民の陳情
「信濃川が氾濫するので
堤防を造ってほしい」
農民たち
室町産業
還元
開発
角栄の懐も潤う
買収されて農民も潤う
農民たち

「カネ」にまつわる角栄の教え④

「人」を理解してカネを使う

必要なのは〝他人の気持ちを読む〟能力

おカネが嫌いな人はいない。みんな、おカネが大好きなのである。

だが、その気持ちを人前で露骨に表すのは「下品」なことであるというのが、世間一般の感覚だろう。そこは日本人の奥ゆかしさや美徳でもあるが、消極的なところでもある。

しかし最近は、公然と「カネが好きだ」と表明する人を見かける機会が増えた。ネットが普及して、誰もが本音を全世界に公開できるようになったせいかもしれない。

中国に抜かれたとは言え、まだ世界第三位の経済大国、日本には「カネの亡者」がウヨウヨいるということである。

しかし、そういう人に限って、角栄の「カネ感覚」を理解できていない。角栄はきわめて上品な「カネ感覚」を持っていたが、その境地はかなり高度なもので、一般的なカネの亡者レベルでは理解できないに違いない。

角栄はダミ声で下品そうに見えるが、実は自分をよくわかっていたから、それを個性として活用した。政策アピールのための計算されたスタイルだった。

角栄は、「カネと権力」に関して、誰よりも繊細で上品な感受性の持ち主だったのである。角栄はすぐれた「読心術」を持っていた。その読心術こそが、繊細な感受性の証であると言える。

しかしその一方、**世間に跋扈《ばっこ》する数多くの「カネの亡者」は〝他人の気持ちを読む〟能力に欠けているケースが多い。**

とくにマルチ商法やベンチャー系ICT企業は、低劣なカネの亡者にしか見えない人物だらけである。上から目線の人物が多いのも特徴だ。

いまのカネをめぐる惨憺《さんたん》たる有様を角栄が見たら、たぶん大声でこう一喝するに違いない。

「何をやってるんだね！　キミらは。そんなことじゃ何ひとつ達成できんぞ！」

カネを使って相手の心を見通す〝読心術〟

「カネ」は、使うところには使う。ケチるところはケチる。効果的でない無駄な出費はなるべく抑えるようにする。

こうしたコストカットは当然だが、角栄の考え方は、目先のことにとどまらない。何より、大きな狙いがある。**カネは手段にすぎない。カネはある目的を達成するための、ステップでしかないのだ。**

カネを稼ぐことを目的にしている人は多いが、それは根本から間違っている。

角栄の基本思想は、カネを通じて人を活用することで、より多くの人が幸福になってほしい……ということだ。そしてそのためには、「心を読んだ上で、その人物にカネを与えるかどうかを決める」というセンスが必要になってくる。角栄にはそのセンスがあった。

たとえば「借りることに何の抵抗もないような悪人には、カネは貸さない」……というのが、角栄の考え方だった。

少々話は飛ぶが、１９８０年代以降、いわゆる「金貸し・金融マンガ」のジャンルが確立され、ヒット作品がいくつも出現した。『ナニワ金融道』『ミナミの帝王』『闇金ウシジマくん』あたりは、多くのビジネスマンに読まれている。そしてこれらのマンガでは、自信家で傲慢なキャラが活躍する。

「利子をつけて返してくれるアテがあると見込んだら、どんな悪人にでも貸す。カネを返さないようなら、多少は法律に抵触するようなことをさせても、絶対に返させる。なぜなら、金貸しの目的はカネ儲けだからだ」

そんな拝金主義的な価値観を持ったキャラだ。しかし、角栄はこうした拝金主義とは一線を画した感覚を持っていた。

角栄は基本的に「貸し借りがあると人間関係がおかしくなる」と指摘した上で、「カネを貸した人の名前を忘れても、カネを借りた人の名前は忘れてはいけない」とも言っている。太っ腹な感覚と同時に、えらそうにカネを出すことを好ましく思っていないのである。

また、必要な局面では、たびたび「返済は無用！」と言って、カネをポンと出していたことも知られている。言われたほうは気が楽になるというものだ。カネのやりとりに関して、心理的な配慮が行き届いているわけである。

ポイントを押さえたカネ活用

異端の思想家として知られた小室直樹は、田名角栄の功績を評価した上で、角栄のカネの使い方についてこのように分析している。

「有能な金権政治家の条件は、カネをほしがっている人に出してやり、出しても喜ばない人とか、出しても役に立たない場合には出さないことである」

これは角栄のカネの使い方について、なかなか核心を突いた分析だろう。

そして、カネの配分に関して、角栄自身もこのように言っていた。

「資本主義と社会主義の違いは、子供の羊羹《ようかん》の分け方でわかる。社会主義だと初めから羊羹を平等に分けようとする。資本主義だと〝強い子〟が大きい羊羹を取ってしまう。そこで強い子に〝キミはもう大きいんだから、ガマンしなさい〟と言って、むしろ弱い子に大きな羊羹をあげる。これが福祉政策だ」

これも、カネをもらう側の心理を見抜いているがゆえの言葉であろう。大切なのは、ポイントを押さえたカネの効果的な活用なのである。

「カネ」にまつわる角栄の教え❹

角栄のカネに対する考え方

カネを貸した人の名は忘れても……
カネを借りた人の名は忘れない
カネを与えた相手は一生頭が上がらない
基本的に「カネの貸し借りがあると人間関係がおかしくなる」と認識した上で……
「返済無用!」
信頼・忠誠

「カネ」にまつわる角栄の教え❺
「情」と「共感力」

仕事は柔軟性とバランス感覚

角栄は数々の名言を残しているが、そのうちのひとつにこのようなものがある。

「世の中は、嫉妬とそろばんである」

この言葉には、カネをめぐる角栄の人間観がにじみ出ている。意訳すると、「人の心」と「カネ」によって、世の中はできていると言っているわけだ。

人の心だけでは何も動かない。かと言ってカネを振りかざしても、物ごとを変えていくことはできない。

ビジネス現場においても、好きな仕事だからというだけでは生産性は上がらない。むしろダ

ラダラやってしまう可能性もある。また、単純に高い給料だからということだけで、モチベーションが上がるとも限らない。むしろ高い給料で安穏として、仕事をナメてかかってしまう可能性もある。

そこには、柔軟性とバランス感覚が必要。

また、仕事上のトラブルや、人間関係で壁に当たったときには、どうしても気持ちが沈んでしまいがちになるが、発想の転換で乗り越えていくことができるはずなのだ。

「新潟の豪雪は財源だ。雪は水、水はカネだ」とも言っていた角栄は、往々にしてマイナス要素として語られる故郷の特性を、むしろ前向きにとらえていた。

もちろんこれは、単純な楽観主義ではない。現実を冷静に見据える目によって、客観的な情報を整理できているからこそ、可能となってくる楽観主義だ。

相手に共感できる心

そんな冷静な目線を持つようになったのは、やはり角栄がきわめて若い段階から事業に取り組んでいたからだろう。

角栄は、高等小学校を出てから中央工学校で建築や土木工学を学んだ。旧制中学（現在の高校）にも進める学力はあったが、家の貧しさがそれを許さなかった。すぐ仕事について母親を経済的な苦労から解放してやりたいと思っていたのである。

中央工学校卒業後、角栄は弱冠19歳にして建築事務所を立ち上げた。

時は1937（昭和12）年。その早熟っぷりと起業家精神は驚異的ですらある。そして中央工学校での人脈を活かし、仕事をどんどん受注していったという。

こうした人脈を活かせたのも、角栄が「情」と「共感力」を持っていたからに他ならない。

能力としても友人たちに一目置かれる存在ではあったが、何より角栄の人間性が愛され、商売相手として信頼されたのだ。

現在の若い学生起業家などは、ＩＣＴを活用していくことが当然のようになっているが、角栄の時代はとにかく顔の見える人脈が大事だった。**リアルな人と人とのつながりが仕事に反映されていったのである。**

角栄は後年、「カネのチカラ。それは一部分だ」とも言っている。

そこには「人と人がつながるチカラ」が大事であるという含意がある。もちろん、薄っぺらい表面的なつながりでは意味がない。

ところで、「マルチ商法」というものがある。法律用語では「連鎖販売取引」という。簡単に言うと、最初の親ネズミから子ネズミ・孫ネズミ・ひ孫ネズミ……とどんどん増やして、ネズミ算式に利益を上納していくというものだ。

これは特商法という法律で厳しく規制されているが、完全な違法というわけではない。しかしトラブルを起こしやすいため、法律で制限がかけられている。ひと言でいうと、カネの亡者たちが安っぽい人脈を活用する商法なのである。「あなたも参加すれば、夢が叶いますよ」という誘い文句が定番となっている。

こうしたマルチ商法では、本来の意味での信頼関係は成立しない。人間関係をカネに変えようとするため、友情や家族関係にヒビが入る。マルチ商法の親ネズミは、子ネズミからカネを吸い上げることばかりを考えている。しかしその本音を隠して「夢」だの「友情」などという美辞麗句で飾り立てている現実がある。

角栄はカネ儲けにたけていた人物だが、こうした「嘘くささ」とは一線を画していた。本来の意味での「情」と「共感力」を通したカネの扱いが角栄の本領だったからだ。

宮城まり子の陳情

角栄のこうした本領は、政治家として予算を出す場合にも発揮されていた。

「ねむの木学園」という障害者の養護施設をつくった女優の宮城まり子が角栄のもとに陳情に行ったときのことだ。宮城は養護施設にいる身体障害者の子供たちが、「経済的な理由で高校に進学できない」という厳しい現実を切実に訴えた。

角栄はそのとき、じっとその話を聞いてから、こう言ったという。

「知りませんでした。少し待ってください」

そして4か月後には、あっさりと養護施設に高校進学の予算がついたのである。

「宮城が女優だから話を聞いたのではないか」という陰口も叩かれたが、実際に角栄はすぐさま行動に移した。これも「情」と「共感力」があったればこそだろう。自身も貧乏で苦学をしたという背景もあったが、何より相手の身になって考えられるのは角栄ならではのセンスだ。

カネを使うポイントや優先順位を普段から意識していたからこそ、スピーディに行動に移すことができたのである。

「カネ」にまつわる角栄の教え❺

角栄の人心掌握術

「世の中は嫉妬とそろばんである」

↓

“人の心”と“カネ”で世の中は動く

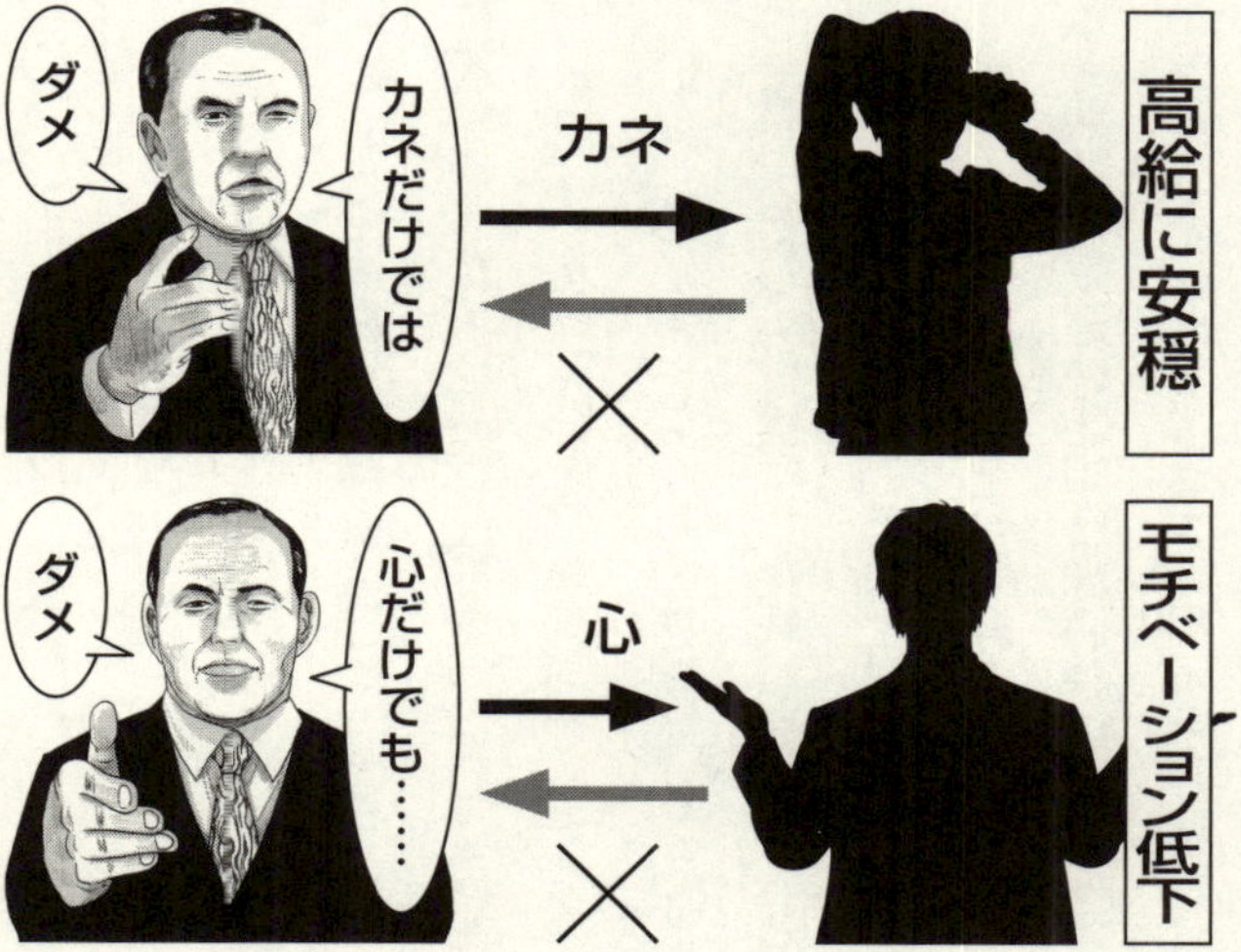

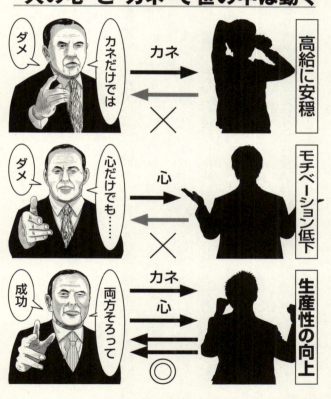

コラム❶

「ノー」は信用のチャンス！

日本人は、「イエス」と「ノー」があいまいな人種だとは、諸外国からもよく指摘される。「引き分け」「おあいこ」「灰色決着」が得意な日本人のマイナス面でもある。

たとえば気が進まない要件を頼まれた場合、即座にきっぱりと否定できる人は少ない。たいていの人は、まず顔に困ったようなうすら笑いを浮かべ、そして相手から微妙な距離を取り、最後は「察してください」という、あいまいな断りの態度を見せる。

この一連の流れを見聞きしたり、もしくは実行した経験を持つ人もいるだろう。だが、これらに要する時間や手間が、互いにとって無駄であることは揺るぎない事実だ。

角栄は、こうした無駄をもっとも嫌がった。当然、頼んできた相手を傷つけないために、やんわりと否定するという日本人独特の気遣いを知らないわけではない。

しかし、曖昧なまま態度を保留することで、返って相手を戸惑わせ、結果的に迷惑を掛けることも知り尽くしていたのである。

それでも、やはり困っている相手を前にすれば、なかなか否定的な発言はしにくいものだ。

そこで、角栄はその秘訣として、

「ためらうことなく『ノー』と言えるようになるための秘訣は、自分の心のなかでもっと強い、燃えるような大きい『イエス』を持つことである」

と説く。これは、相手を納得させられるだけの確固たる理由や代案を示せということを意味する。ただ、なんとなく「ノー」ではなくて、こちらには、こういう「イエス」があるからこそ「ノー」と力強く言えるのだ、と伝えたかったのだろう。

「ノーと言うのは、確かに勇気が必要だ。しかし、長い目で見れば信用されることが多い。ノーで信用が高まる場合もあるのだ」

とも角栄は言っている。

最初は残念な気持ちにさせるかもしれないが、「ノー」を相手に示すとき、実は自身の決断力を相手にアピールできるチャンスであることを忘れてはならない。

それを角栄は、少年時代から厳しい実社会で揉まれながら体得し、実行してきたのである。学歴よりも、豊富な人生経験を積んできた男の、まさに金言だ。

第二章「敵・ライバル」編

敵やライバルを知り、相手に打ち勝つ方法とは?
たとえ苦境に陥っても、攻め込まれても、ピンチになっても負けない!
時として敵やライバルさえ味方にさえしてしまう術を、角栄の処世術から学ぶ!!

角栄の金言
「田中角栄は、なぜ倒れないか？
人間、裸になったことがないからビクビクするんだ。
俺は裸になっている」

「敵・ライバル」にまつわる角栄の教え❶

敵・ライバルとどう向き合うのか

角栄の敵「マスコミ」

角栄の敵は、じつに多かった。

「マスメディア」「大衆」「司法」「アメリカ」など、角栄の敵は多岐にわたった。また、ライバルという位置づけになるのは当然のごとく、与野党問わず政治家だった。

それらと角栄は、どのように向き合ってきたのだろうか？

まず敵の中核は、マスメディアだ。ジャーナリスト立花隆の緻密な取材による金権政治追及と、ロッキード事件発覚によって、角栄は窮地に立たされた。

それまで「今太閤」と角栄を持ち上げていたマスメディアが、急に手のひら返しをして、角栄バッシングの嵐となった。

マスメディアは時として「第四の権力」と呼ばれる。立法・行政・司法に次ぐ四番目の権力という意味だが、大衆批判で知られる保守思想家の西部邁はこれを一笑に付した。そして皮肉たっぷりに、こう言っている。

「マスコミが第四権力？　とんでもない。第一権力だよ」

気分屋である大衆に支持され、マスメディアは際限なく暴走する。それは誰にも抑制することはできない。メディアスクラムが押しかけてきたら、どこにも逃げ場はない。そしていったんバッシングがはじまったら、雨あられのような中傷弾をよけきることは不可能だ。

敵はあらゆるところから出現してくる

角栄だけでなく、誰にでも敵はかならず出現する。

敵からひどい目にあわされた。いやがらせを受けた。いじめられた。パワハラ、セクハラを受けた。イヤミを言われた。陰口を叩かれた。罵倒された。誰もが一度は経験しているはずだ。

学校やビジネス現場に限らず、いまの社会に生きている以上は当たり前のことだろう。ご近

所、友人関係、親戚・親子関係……敵は、あらゆるところから不意に出現してくる。

敵からの圧力に、ガマン・忍耐が必要な瞬間は少なくない。しかし、ストレスをためにためまくった挙句、鬱病を発症してしまう人もいる。重症化すると、自殺という究極の選択にまで追い詰められてしまう。

こうしたシビアな現実があるため、「敵を回避したい心情」も、世に蔓延している。敵との接触をまったく断ってしまう極端な人々も、顕在化してきている。

精神医学上の分類で、「回避性パーソナリティ障害 (avoidant personality disorder)」と呼ばれるものがある。

人はどこかでチャレンジしないとやっていけないのが現在の社会だが、ことあるごとにすぐ「回避行動（逃げ）」に出てしまう障害のことだ。もちろん、敵の出現にも敏感になる。

敵から否定されたくない。傷つけられたくない。敵がこわい。顔を合わせたくない。こうした気持ちが強まっていくと、社会生活がうまく営めない。しかしこの障害は、年齢を重ねると改善していく傾向もある。一般の社会人としても、回避性パーソナリティ障害という定義を知っておいて損はない。

回避性パーソナリティ障害はあくまで極端な例だが、「敵やライバルを回避したい」という心情は誰にでもある。強い競争相手には、劣等感を覚える。そして、「敵やライバルに負けることがこわい。どうせ負けるぐらいなら、勝負しないほうがいい」と思ってしまうこともある。

勝負から逃げ出しても、あとで納得できるなら問題ない。しかし、後悔するぐらいなら、やるだけやっておいたほうがいい。語呂のいい英語で「go for broke（当たって砕けろ）」という言葉がある。これを心のなかで叫ぶことも効果的だろう。

我々がごく常識的に社会人を続けていくために、出現した敵やライバルと、どのように向き合っていくべきか。時として逃げることも正解となるが、そうした選択肢を取るわけにはいかない場合は、どのような方法があるのか。多くの敵から攻撃を受けたときの対処法も、角栄の処世術が参考になる。

心を広く持つこと

敵の攻撃に耐えながら、うまく生き残っていくためには何が必要なのか。

角栄は、「寛容さ」で対抗した。

追いかけてくるマスメディアに対して、こう言ったのだ。

「まあ、君らはそれが仕事だからな」

ここには、敵だろうと相手の立場を理解してあげられる「寛容な姿勢」があった。

「汝の敵を愛せよ」という言葉もある。これは『新約聖書』内の「マタイ福音書」および「ルカ福音書」に出てくる。

角栄とキリスト教はイメージとして結びつかないかもしれないが、実は互いにかなりの共通点がある。**角栄はパワフルな上昇志向を持っていたが、それと同時に、どんなタイプの人物のことも理解しようとする懐の深さがあった。敵であろうと味方であろうと、情を持って接していたのである。**

起業家でも企業人でも、〝敵を理解して許す寛容さがない〟人物というのは、遅かれ早かれ潰されてしまう。競争原理や優勝劣敗ばかりを振りかざしている起業家は、逆に淘汰されるということだ。

また、先述の「ひきこもり」の人たちも、敵を許す自信と器を身につければ、社会と交わっていける可能性が高まるのである。

「敵・ライバル」にまつわる角栄の教え❶

角栄の敵・ライバルの対処法❶

ライバル＝大衆、マスメディア
司法、アメリカ

なんのこれしき

大衆	← 不支持
マスメディア	← 秘密追求
司法	← 捜査
アメリカ	← 要求

「汝の敵を愛せよ」の精神

敵を理解して許す寛容さ	対立からの逃亡・回避
◎	×

「敵・ライバル」にまつわる角栄の教え❷

相手を味方に変える「懐柔策」

敵さえも味方に引き入れる術

前項で取り上げたが、敵の扱い方として角栄が最初に教えてくれるのは「寛容であれ」ということだ。**そしてもうひとつ「懐柔策をとる」というのも、角栄流のテクニックだ。「懐柔」とは敵さえも味方に引き入れることだが、まずは相手に親しみや好意を抱かせることから始まる。**

角栄はマスメディアに対しても、ライバル政治家に対しても、細やかな配慮を欠かさなかった。敵対心を持たせないようにすることが目的だ。もちろん、角栄は懐柔手段としてカネを使うこともいとわなかった。

これは、一般的な企業のやり方と同じである。

悪口を書かれないようにするため、企業はテレビ、新聞、雑誌というマスメディアを取り込もうとする。そのわかりやすい手段は、「広告出稿」ということになる。広告というカタチで間接的にカネを出すというやり方は、いまでも当たり前のように行われている。

これは「お前ら、余計なこと言うなよ」という企業からの口封じメッセージでもある。

バブル期の大手メーカーが新製品発表などで、業界紙誌の記者をアゴ足付きで海外に連れて行ったりしていたのも、メディア報道の影響力を意識していたからに他ならない。

角栄も大臣就任直後、新聞記者を食事会などで接待していた。ただ、角栄がユニークなのは、こんな提案をしていたことだ。

「奥さんも一緒に、連れてきてください」

妻同伴で来させることは、どのような効果をもたらすのか。誰もが、家族サービスには苦労している。夜討ち朝駆けで多忙を極める新聞記者は、ほとんど家族サービスをする機会がない。そこで仕事がらみでサービスできたら、一石二鳥というものである。**妻子を喜ばせることは、家庭円満の秘訣。角栄の誘いは、そうした記者の心理を巧みに突いた手法と言えるだろう。**

ただ、角栄はここに留まらず、さらに徹底していた。帰り際に、カネを包んで渡すという行為にまで及んでいたのである。

気まぐれなマスメディア

しかし、こうした角栄の手法も、大きなスキャンダルには通用しなかった。大衆をバックにつけたマスメディアは、いったん角栄の懐柔策を振りほどいていくことになる。

誰かをバッシングすることで、新聞や雑誌の売り上げは伸びる。目先の小さな接待よりも、大掛かりなバッシングのほうがカネになることは理の必然である。そして、大衆は正義の名のもとに誰かを攻撃するのが大好きだ。

ロッキード事件発覚などで、角栄もマスメディア格好のエサとなっていった。角栄の金権政治批判は、どんどんエスカレートしていく。

角栄はこうしたバッシング報道に反発してこう言ったこともある。

「悪口の90%はマスコミ。私は直接、面と向かって悪く言われたことはないんですよ」

また、こうも言っている。

「新聞で正しいのは、死亡記事、株式の値段、テレビの番組表だけだね」

マスメディアという第四権力は、気まぐれな大衆の動向に影響を受けやすい。そのため、流行ばかり追いかけることになる。

かつてニュースキャスターの久米宏は、「テレビ番組ってのは視聴者のレベルを反映するものですよ。視聴者が求めるものをやるから」と指摘していた。

そうしたマスメディアをすっかり敵に回していた角栄だったが、死後4半世紀を経て、いつしか再評価の動きが起きている。妙なことに、その再評価を主導しているのも、他ならぬマスメディアなのである。

ところで、1990年代半ば過ぎ、ついに「第五権力」として、ネットの匿名者というモンスターが出てきた。SNSが普及した現在、誰もが他人事ではない。1993年にこの世を去った角栄は、インターネットという現実を見聞していない。現状を見ていたら、どのような感想を述べただろうか。

タブー知らずでヒステリックな匿名者相手に、「懐柔策」はほとんど通用しないだろう。

だが、「寛容に接する」という部分は応用できる。「バカにされても気にするな。何を言われ

ようと書かれようと、「気にせずに許せ」という角栄の寛容な姿勢は、むしろネット時代にこそ効果的に機能するはずではないだろうか。

懐柔策に先立つもの

懐柔までとはいかずとも、角栄が記者たちの信頼や尊敬を勝ち得ていたのは間違いない。**さんざんバッシングされているなかでも、角栄は記者に「私は人生の先輩として、キミらを育てる義務がある。また来なさい」と言っていた。**

ここには先述の「寛容さ」がにじみ出ている。懐柔できないとわかった相手でも、許してしまうのが角栄なのだろう。

「寛容さ」を身につけ、「懐柔策」をうまく使いこなすことは大事だ。しかし、順番としてはまず「寛容さ」がないと、人から好かれることはない。角栄はこうも言っている。

「悪口を言う相手とも、仲良くやれ」

そんなの絶対に無理だ……と言う人もいることだろう。確かになかなか難しい。しかしそこであえて、そんな「敵をも受け止める度量」を持とうと努力してみることも必要だ。

「敵・ライバル」にまつわる角栄の教え❷

角栄の敵・ライバルの対処法❷

「懐柔策をとる」

敵を味方に引き入れ、好感を抱かせる

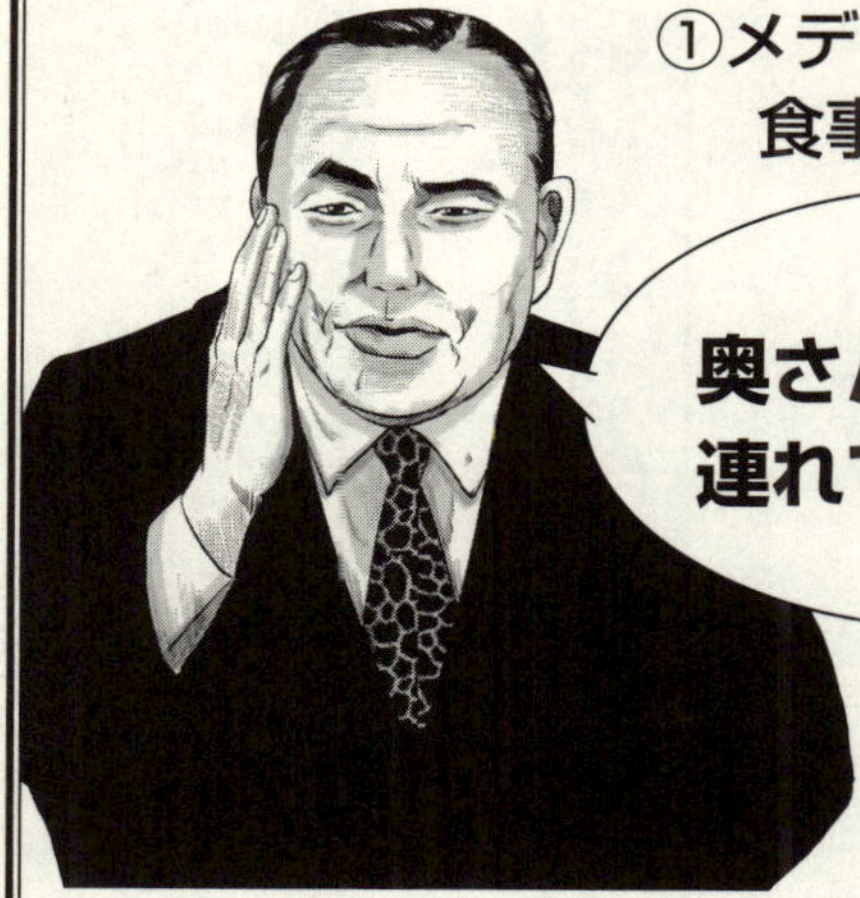

①メディア関係者を食事会に招待

②
奥さんも一緒に
連れてきなさい

③帰り際にカネを包んで渡す

↓

三重のテクニックで
些末なスキャンダルから逃れる

「敵・ライバル」にまつわる角栄の教え❸

敵の正体を見極める

追い詰められた田中角栄

航空機選定にあたり、アメリカの航空機メーカー、ロッキード社が幾多の権力者相手にカネをばらまいたのでは……という疑獄事件。

このロッキード事件には、国家権力を利用してカネ儲けをしようとしている数多くの人物たちが関わっていた。政治家のみならずフィクサーだの政商だの、どういうわけかカネと権力を持っている得体の知れない人たちの姿が続々と明らかになった。もちろんそこには、暴力によって物ごとの決着をはかろうとする定番の闇勢力も一枚噛んでいた。

立花隆による『文藝春秋』スクープの金脈報道で追い詰められていた角栄は、このロッキード事件でトドメとばかりに逮捕された。受託収賄罪と外為法違反の容疑である。
1976（昭和51）年1月、首相を退任してから1年少し後のことだった。つい先日まで総理大臣だった男の逮捕は、世間を騒然とさせた。メディアによる田中金脈問題の追及と、ロッキード事件による逮捕劇の背景には、何があったのだろうか。

東大VS角栄の〝心理戦〟

作家の安部譲二は、このように言っている。

「角栄は東大の陰謀にやられたんだよ。日本の権力者は東大出身じゃなきゃいけない……という価値観にしてやられたんだ」

だが、かくいう安部の父親は東大出身だった。しかし安部自身はそんな父親に反発し、10代の頃にグレてヤクザの道へ入った。安部は、東大出身者の持つ選民意識のようなものが、陰に陽に角栄を追い込んでいったのだという。角栄の心理術でも及ばない相手がいたというわけだ。
高等小学校から叩き上げてのし上がり、権力者となった角栄に対し、無意識的にせよ意識的にせよ、東大出身エリートからの反感がどこかではたらいていたのではないか……というのが、安部の分析である。

日本を実質的に動かしている官僚たちは、東大出身者がほとんどを占めている。また、東大から官僚となり、その後に政治家となった人物も多い。古くから言われている政治家の分類では「官僚派」と「党人派」がある。官僚上がりの者と、それ以外の政党活動上がりの者……という大雑把な二分割だ。

月刊誌『文藝春秋』に掲載された『田中角栄研究～その金脈と人脈』によって、角栄を失脚に追い込むきっかけを作ったジャーナリスト、立花隆も東大出身。また、文藝春秋も東大出身の菊池寛が作った出版社だ。

最近は週刊文春のスクープ連発によって急に一目置かれたように思っている若年層もいるようだが、実は昭和の時代から文春は雑誌メディアを牽引していた。**高性能で抜群の破壊力を誇る「文春砲」は、主に東大出身者によって昭和の時代に設計されたものだった。**

また、「東大出身のエリート官僚」は優秀だと言われる一方、その問題点は常に指摘されてきた。天下りや硬直化した前例主義、責任回避のシステム構築、事なかれ主義などがまかり通ってきたからである。

しかし、国民にとって、彼ら以外の選択肢はない。国民が投票で選んだ政治家がタバになってかかっても、エリート官僚集団の頭脳にかなうわけがないのだ。

高い知能によって圧倒的な事務処理能力を持っているが、それと同時にずる賢いとも言えるのがエリート官僚。自分たちに火の粉がかからないようにしつつ、利得が少しでも回ってくるように誘導していく。**国権をこっそりと操るこうした心理術は、角栄を上回るほど研ぎ澄まされた完成度と言っていいかもしれない。**

昨今ではテレビの教養系クイズ番組でもさかんに「東大ブランド」が強調されている。こうしたブランド神話を好む視聴者が多く、「東大出身＝エリート＝優秀」という盲目的な信頼を寄せているからだろう。

優秀さを素直に認める

しかし、角栄はこんなことを言っていた。

「銀座四丁目のカラスが、アホウアホウと東大出を笑って飛んでいく」

また、「学閥は嫌いだ」「必要なのは学歴ではなく、学問だよ」とも言っている。もちろん、こうした発言はエリートに対する矮小な劣等感からきているわけではない。それは角栄の実績が証明している。自分に自信があるからこそ、発言できたのである。

ただ、批判しつつも、角栄は東大出身者を決して毛嫌いしていたわけではない。

むしろ東大出身者の優秀さを素直に認め、政治に活用していた。「官僚は生きたコンピューターだ」とも言っている。官僚にしろ政治家にしろ、エリートのコントロールにもたけていたのが角栄である。部下のポジションにいた東大出身エリート政治家の何人かも、角栄に対して深い畏敬の念を持っていた。

元警察庁長官で中曽根内閣時代に官房長官を務めた後藤田正晴や、大蔵省出身で総理になった宮沢喜一などは、角栄のことを天才的だと評している。会えば角栄に感化されるということだろう。

安部譲二が言うところの見えない東大エリートによる追い落としによって、角栄は表舞台からいったん引く。しかし、その後も、「闇将軍」と呼ばれ続けるのだ。東大エリートのなかにも、角栄に好感を持つ一定層が存在していたからだろう。庶民にもエリートにも愛されたのが、角栄という政治家だったのである。

「敵・ライバル」にまつわる角栄の教え❸

叩き上げの角栄VS東大出身官僚

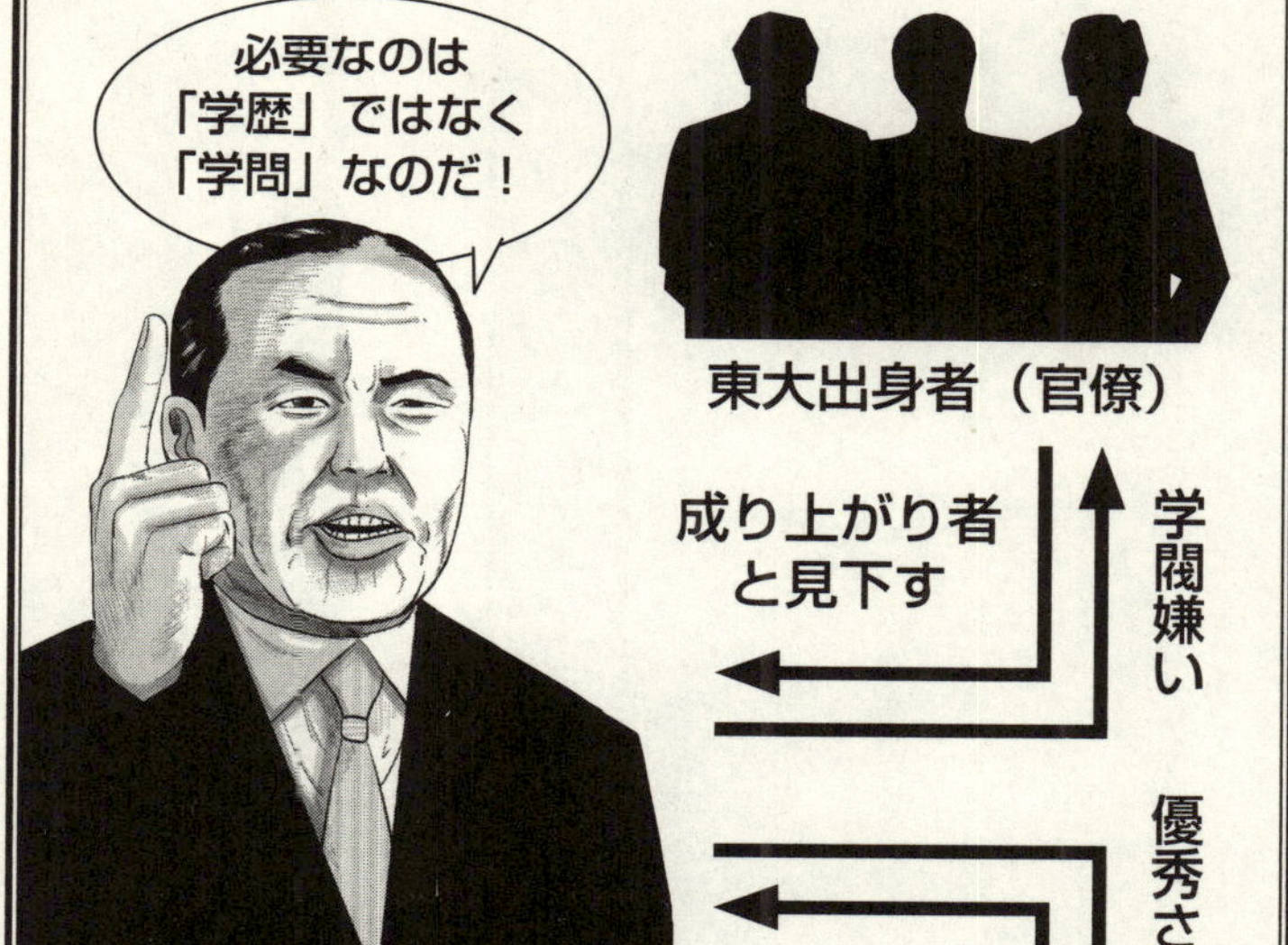
必要なのは「学歴」ではなく「学問」なのだ！
東大出身者（官僚）
成り上がり者と見下す
学閥嫌い
優秀さを認める
尊敬・感化
角栄は、自らを失墜させた東大出身者を嫌う一方で、優秀な東大出身者を傍らに置いて実務をさせた
後藤田正晴
宮沢喜一

「敵・ライバル」にまつわる角栄の教え❹

相手を理解する

相手の「ものさし」を理解し、把握する

ともすれば敵になってしまう東大出身の優秀なエリート官僚たちを、いったん角栄はうまく手なずけた。その手法の詳細は第五章「上司と部下」編で触れるとして、ここでは角栄が敵およびライバルをどのように把握していたのかを見ていこう。

角栄は敵、ライバル、味方に限らず、このようなことを言っていた。

「相手のものさしに合わせろ」

これはあらゆる心理術の基本となるものだろう。

しかし、これは意外と難しい。

まず相手の「ものさし」がどのようなものなのか、しっかり理解し、把握できなければならない。最初に相手のものさしを見誤ってしまうと、間違った尺度で合わせることになってしまうからだ。

その意味でも、相手の本音はどこにあって、どのような希望や欲望を持っているのか、どのような意図、どこに真意があるのか……といった深い部分までも、確実かつ正確に見抜かなくてはならならない。

相手の深い部分を見抜くには、鋭い「直観力」が必要となる。また「共感力」「洞察力」「分析力」なども必要となってくる。

角栄が圧倒的な権力を手中に収めることができたのは、この「見抜く能力」があったからだ。それが発揮できたのは、先天的にすぐれた直観力や感性を備えていた上に、若き日から実業家としてさまざまな人たちとのコミュニケーション経験を積んできたからだろう。これればかりは、小手先の技術学習やマニュアルでは、なかなか身につかない。

もちろん、ある程度までなら、我々がちょっとした学習と経験で「見抜く能力」を身につけることはできるはずだ。ただ、そこには大きな個人差が出るだろう。先天的に素質がある人なら、角栄並みになれる可能性だってある。

優れた心理術は素質と経験の掛け算であって、足し算ではない。掛け算なだけに、どちらか一方がゼロだとすべてゼロになってしまうのがオチだ。

敵に塩を送る

「相手のものさし」に合わせるのは大事なことだが、もちろん、「敵のものさし」にすべて合わせろという意味ではない。それでは自分がなくなってしまう。

相手のものさしを理解することは、敵を知ることでもある。「敵を知り、己を知らば百戦危うからず」ということわざもある。

まず相手のものさしを理解することで、その後の対応も変わってくるということだ。それが敵やライバルであっても、少しは共感が芽生える。相手の心理と同時に、相手の立場も考えるということになる。

角栄は、選挙や国政の場において敵対する立場だった人物たちのことも理解していた。ここでは有名な二つの例を挙げてみる。

角栄の選挙区で、長きにわたりライバルとして存在していた社会党の三宅正一議員。対立政党だったが、角栄は18歳年長の彼に深い敬意を払っていた。それどころか新潟の農民の現状について、教えを請うたこともある。三宅は戦前から農民運動に取り組み、地元愛は角栄と何ら変わりがなかった。

角栄は「三宅先生を落選させてはいけない」とまで言っている。当時は中選挙区だったため、相手にこうしたエールを送ることもできた。現在、何かにつけて殺気立って醜悪にいがみあっている自民党と民進党の姿からは想像できない話である。

また、角栄が三宅に毎月20万のカネを送っていたという逸話さえ出てきている。三宅は1982（昭和57）年に亡くなったが、角栄からカネが送られていたことを知らないままだったという。角栄は絶対にその事実を本人や周囲に漏らすなと言っていたようだ。

相手の力量を認める

もうひとりは、こちらも社会党の大出俊。この二人の因縁は、何かにつけて語られる。角栄が郵政大臣だったとき、全逓信労働組合の活動家をしていたのが大出だった。

まったく立場の違う対立する相手として最初の接点が生じたわけだが、その当時からお互いを認め合っていたという。

角栄は、大出が太い声で、堂々と組合の主張をするその姿に瞠目《どうもく》した。そして、大出に「秘書にならないか」とまで声をかけた。さすがにそれは断った大出だが、角栄の器を認めざるを得なかった。

大出はやがて社会党の議員となり、国会で角栄と対峙することになった。しかし角栄との過去が、ロッキード国会での追及を鈍らせたとも言われている。

たとえ思想、信条や細かい政策は違っても、相手の人間としての魅力や能力を見抜く。それが角栄の本領であり、ビジネスマンや学生にとっても参考となる点である。

敵やライバルに対しても寛容で、ムダな反発心を出さないのが角栄のメンタルだった。敵やライバルに対してすぐメラメラと燃え上がってしまう人は少なくないが、それが良いほうに働くとは限らない。

まずは冷静に、敵やライバルの実情や立ち位置を見極めることから物ごとを始めるのが賢い選択なのである。

「敵・ライバル」にまつわる角栄の教え❹

敵・ライバル、味方に対する角栄のスタンス

「相手のものさしに合わせろ」
（相手への理解）
あらゆる心理術・心理戦の基本

相手の深層心理を見抜くのに必要な4つの力

❶直観力

❷共感力

❸洞察力

❹分析力

↓

相手をしっかりと見抜いて
敵・ライバルを把握する！

「敵・ライバル」にまつわる角栄の教え⑤

空気を読むということ

やっつけすぎると恨みが残る

金脈追及やロッキードについて、角栄はこのように言っている。

「トラバサミにかけられた。足を取られたほうが悪いのか、トラバサミを仕掛けたほうが悪いのか。後世の学者が判断することだ」

ロッキード事件は複雑で謎に満ち、いまでもその深い部分の真相は判明していないと言っていいだろう。国をまたいで大きなカネが動いた事件は、常に何か裏があるものと考えたほうがいいのかもしれない。

角栄の金脈追及がはじまり、ロッキード事件がクローズアップされたのは、「ユダヤが角栄を失脚させたのだ」という定番の陰謀説もある。

もともと自前のエネルギー資源がなく、石油を世界中から買わなければならなかった日本としては、中東や南米に対して積極的な〝資源外交〟に取り組んでいく必要があると角栄は考えていた。しかし、世界の資源をコントロールしたいと願うユダヤ資本が、邪魔となる角栄を失脚させたという説である。

中東の石油産出国とパレスチナ問題で対立し、資源管理をも狙っているユダヤが裏で動いたというのは、巷に流布する荒唐無稽《こうとうむけい》で都市伝説的な陰謀話よりも、かなり説得力がある。

ある意味、角栄はこうした陰謀バトル的なことが苦手だったかもしれない。次の総裁を決める「キングメーカー」、あるいは「闇将軍」とも言われたが、その動向は常に白日のもとにさらされていた。根の部分では、こそこそやることはあまり好きではないタイプだったようにも思える。それが甘さとなって失脚してしまった……という見方も可能だ。

角栄は常に、敵を徹底的に潰してしまうようなやり方を好まなかった。そこにつけこまれてしまった、という側面もあるかもしれない。

「相手を完全に論破したら、相手が救われない。土俵の外まで押し出す必要はないんだ。イン

テリほどやきもち焼きはない。やっつけすぎると、恨みがいつまでも消えない」

角栄のこの言葉にも、見事な心理術が反映されている。

しかし、相手の心情に配慮したり空気を読みすぎることは甘さにもなるので、気をつけないといけない。

最後まで空気を読んだ角栄

敵の攻撃を大目に見た上で、バランスをとって無益な対立を減らしていくのが角栄流だろう。だが、その角栄流も、より非情で緻密かつ陰湿な攻撃に耐えることはできなかったのかもしれない。ユダヤの陰謀がそうだとは言い切れないが、「情」や「共感力」の通用しない相手は、角栄が主導する日本人らしい空気など読まないだろう。


「人の悪口を言えば、敵ができる。だから悪口を言わないで、敵を作らないようにする」

「敵だということが確定しても、寛容な態度で接する」

「敵でも味方でもない人物は、できる限り味方につけるようにする」


こうした考え方も、角栄が日本人の特性を見抜いた上で結論づけたものだろう。平均的な日本人は繊細で、空気を読むことに長けている、という前提がある。

最高裁判決が出る前にこの世を去ったというのも、角栄流の、究極の〝空気読み〟だったのではないだろうか。

「ロッキード事件の真相・真実はどこにあるのか」「角栄は悪だったのか善だったのか」という答えを、少なくとも司法上は保留にしておいてあげた、ということだろう。

自分を支持する人・否定する人、どちらにも気を遣って現世にオサラバした角栄は、死ぬ瞬間まで空気を読んでいたと言えるのではないだろうか。

少なくとも日本におけるビジネス現場などで角栄なみにうまくやろうとするなら、まずは空気を読むことだろう。そして、敵やライバルとの間合いをはかってみることが第一だ。

自己主張したいなら空気を読む

最近、「空気を読まずに自己主張することが、かっこいい」という考え方を持っている者が散見される。

著名人でも、爆笑問題の太田光などは「空気なんか読むなよ！」と公言している。しかし、彼は成功者であり、お笑い芸人として売れなかったら周囲からツマハジキ者になっていただろう。高校時代にはその我の強さから友達もまったくできず孤立して〝ぼっち〟となり、大学に入ってからようやく、才能を引き出してくれる田中裕二という素晴らしいパートナーを見つけることができた。田中がいなければ、太田はただの変人である。

爆笑問題に限らず、売れたことが必然であるかのような解釈はどうなのだろうか。所詮は結果論でしかないのだ。偶然、売れたがゆえに好き勝手なことを言えるようになったというだけで、勝ち組がそれを必然化して語るのは傲慢というものである。

芸人に限らず、太田と同じような「空気なんて読むな」という考え方を持ったがゆえに、敗北していった人物は無数にいる。死屍累々とはこのことである。そうした現実を、たまたま勝って結果を出した人物の発言ですべてひっくり返すことはできない。結果論は虚しいものだと気づくべきだろう。

空気を読むことは、大事なのだ。自己主張をしたいなら、空気を読みつつ発言に踏み切るほうが良い結果が出る確率は高い。空気を読まないで自滅するパターンは、敵やライバルの思う壺というものだ。

「敵・ライバル」にまつわる角栄の教え❺

角栄流の「相手の心情への配慮」「空気を読む」極意

敵だと見ても寛容な態度で接することだ

相手を完全に論破しないこと

↓

やっつけすぎると恨みが消えない

↓

◎ **メリット**

- 敵を作らない
- 後々助けられることもある

× **デメリット**

- 相手に寝首をかかれる可能性を残してしまう

コラム❷
敗北をあっさりと認めた角栄

角栄はキレやすく短気で、何か気に入らないことがあれば、すぐに怒った相手をダミ声で怒鳴りつけたとされる。

ならば、さぞや周囲はいつもビクビクしていたのだろうと思うと、けっしてそんなことはなかった。それは、数万枚に及ぶと噂される、角栄がフレームに収まった写真からも明らかだ。角栄が機嫌悪そうな顔をしている写真はあっても、一緒に写っている周囲の者たち、とくに子飼いの田中派の所属議員や、秘書らは涼しい顔をしているか、もしくは笑顔を見せているものがほとんどなのだ。

その訳は、角栄は典型的な熱しやすく冷めやすい性格で、パッと怒っても次の瞬間にはもう元通りに戻っていたからだった。よく、たとえに言われる〝瞬間湯沸かし器〟である。そのため、周囲はいきなり角栄が怒り出しても、「オヤジ、またはじまったよ……」くらいにしか認識していなかったらしい。

角栄が「ロッキード事件」への関与が取り沙汰されている頃、ある自民党の大物議員が角栄の言動を諫めたことがあった。角栄は、それに対し猛烈に怒り、双方の間で激しい言葉の応酬があったという。

しかし後日、そのときにさんざケンカした議員と遭遇した角栄は、

「元気か？　この前はスマンな。キミには負ける。また会おう」

そう言って、ポンと相手の肩を叩いて立ち去ったそうである。

ケンカ相手と再会した際、完全に無視することや、適当に会釈して通り過ぎることもできる。ただし、その対応は並みの人間のものだ。人当たりが上手いと言われる人でも、非礼を詫びるとともに、「冷静になってもう一度、話合おう」「今度、飲みに行こう」と語りかけるのが精一杯だろう。

しかし、角栄の場合、「キミには負ける」と、敗北をあっさり認めてしまうのだ。

これには、相手も角栄の器量の大きさにただひれ伏すしかない。角栄とケンカした人間は、誰もが角栄シンパになったと言われている所以《ゆえん》だ。

人心掌握に長けた角栄は、ケンカの達人でもあったのだ。

第三章「地盤と人脈」編

誰にでも生まれ育った故郷がある。そこにあるのは自身の原点。
小さなコミュニティに背を向けるのではなく、それをうまく活用する術とは？
故郷を大切にし、地域の力と人脈を活かせば、あなたのさらなる力になる!!

角栄の金言

「役人は政治家に弱い。役人は国民に強い。国民は政治家に強い。
――だから世の中はうまくいっている」

「地盤と人脈」にまつわる角栄の教え❶

ふるさとを愛する気持ち

人の心はそれぞれの風土で育まれる

誰にでも、故郷というものがある。たとえ大都会の東京都生まれでも、その人にとっては東京が故郷だ。

生まれてすぐ引っ越してしまった場合には愛着は芽生えにくいかもしれないが、幼少期から青年期にかけて育った土地には誰もが特別な思いを持っていることだろう。

日本は広い国土を有していないが、いろんな意味で多様性に富んでいる。四季がはっきりしていることも特徴のひとつで、それぞれの地域に独特の景色や風土がある。そして地域に根ざした人々の生活や方言があり、子供たちの個性はそうした環境で育まれていく。

角栄に関しても、故郷・新潟の存在を抜きには語れない。また、角栄の洗練された心理テクニックに、故郷が少なからず影響を与えていることは間違いない。

「三国峠を切り崩す。そうすれば、季節風は太平洋側に抜けて、越後に雪は降らなくなる。大雪に苦しまなくなるんだ」

角栄はこのような発想をわかりやすく提示していた。ベストセラーとなった主著『日本列島改造論』（日刊工業新聞社）は、ただの土建行政・利権を推進する考え方だ……という批判もなされたが、ベースになっていたのは角栄の内なる郷土愛だった。

単にカネを追い求めるためだけの理屈付けではなかったのである。都市部集中から地方に分散させることで、郷土の活性化を狙った。

日本を改造して地方に活力を

ところで、一般的には「角栄・新潟・雪」という三点セットのイメージがある。そのため、新潟＝豪雪という印象が強い。

だが、新潟のなかでも「特別豪雪地帯」と、ただの「豪雪地帯」に指定は分かれている。「特別」のつくほうが豪雪の度合いは激しい。

しかし北陸最大の都市、新潟市は後者で、住民の雪に対する感覚も少し違う。山から離れた海側の平野部は、雪を降らす雲が内地方面に向かって流れていくため、他県の人が思っているほどは降らないところもある。広大な新潟平野には横殴りの風雪が吹きつけるが、雪そのものは悲惨なほどは積もらないのだ。

その代わり、雲を押しとどめてしまう山間部では、すさまじい豪雪となる。角栄を支持していた旧新潟三区は、長岡市、柏崎市など「特別」豪雪地帯が多かった。

特別豪雪地帯は「豪雪地帯のうち、積雪の度がとくに高く、かつ積雪により長期間自動車の交通が途絶する等により住民の生活に著しい支障を生ずる地域」と定義されている。

そんな特別豪雪地帯における生活面の苦労をよく知っている角栄の言葉は、住民たちに対して説得力があった。

「東京へ来るときは山を越えてきた。生まれ故郷は山の向こうにあると常に思ってきた」

地元住民の郷土愛を基本とした自尊心をくすぐり、思いを分かち合おうとする発言である。どこへ行っても私は郷土の人たちの味方だ……と宣言しているわけだ。

「表日本偏重の予算投下が長い間続けられ、裏日本からの横断道路が未改良のままだ」

有名な伝説に、「文京区目白台の田中角栄邸から、故郷の西山町まで3回しか曲がらずに帰れるようになっている」……というものがある。角栄が道を整備したためだという噂だが、実際に3回曲がるだけで到達できるのだ。

地方に活力を与えたいという角栄の思いは、道路・鉄道・土地の整備というカタチで実現化していく。ともすれば都市部が独占していたものを国政によって組み換え、分け与えるという姿勢は、自分の故郷だけでなく日本全国にも及んだ。

「都会並みに農山漁村の生活向上を図る、それが愛の政治だ」

いまでこそ田舎暮らしの良さがあちこちで語られるようになったが、高度経済成長を続けている時代には多くの人が大都市指向だった。地元に背を向ける流れにブレーキをかけたいとした角栄のこうした発言が、郷土の人たちの心を打ったのである。

もちろん、それは新潟の地元に対してだけ発せられたものではない。角栄が大都市部以外のエリアへ演説に行ったときは、常に地元のことを意識していた。

「東京の酔っぱらいは保護される。北海道とは違う」

「鉄道を敷かなかったら、熊だけになってしまう」

ユーモアを交えながら激励する角栄に、心を動かされた地方の住民は多い。

自分の思いを吐露して共感を得る

企業人が何かをやろうとするには、まず自分の思いがベースになっていなくてはならない。角栄の郷土愛に相当するような自分の思いをプレゼンした上で、何かを推し進めていく。

商品やサービスを売る場合、「こういう商品が好きだ」「こういうサービスがいい感じ」という前提が大切で、自分が良いと思わないものを消費者に勧めることはできない。

「私はこれが好きなんです。みなさんはどう思いますか？」

最初はこのようなメッセージを出し、相手の反応を見る。そこで同意を得られたら、さりげなく売り込むのだ。

「みなさんも利用してみませんか」

角栄が国民に仕掛けた郷土愛を基本にした共感のテクニックは、あらゆるビジネスシーンで応用されているのである。

「地盤と人脈」にまつわる角栄の教え❶

故郷を愛した角栄の施策

道路の整備
→ 高速道路開通
（関越自動車道）

鉄道の整備
→ 新幹線開通
（上越新幹線）

土地の整備
→ 治水工事
融雪道路など

関越自動車道

上越新幹線

融雪道路など

↓

新潟県民の絶大な信頼
（ロッキード事件後の衆院選でトップ当選）

「地盤と人脈」にまつわる角栄の教え❷

人脈と地域を活かす

再配分のメリット・デメリット

都市部が牽引した経済の成果を、地方に再配分するという角栄的な考え方は、いまでも根強くある。だがこれは、「1票の格差」問題ともつながってくる。地方に住めば、都会の人よりも〝大きな1票〟を手にすることができるという問題だ。同じ1人なのに、より強い権利を持つことになる。また、立候補者側から言うと、当選するために都会では3票をゲットしなければいけないところを、地方では1票で済ませられるようになる場合が出ている。

3人に頭を下げてお願いするよりも、1人に頭を下げてお願いしたほうが楽なのは明白である。田舎が地元の政治家は、そのぶん楽をしていることになる。

ただし、地方は選挙区が広いため、選挙活動などの移動に時間がかかってしまう、というデメリットはある。

いずれにせよ、「1票の格差は不平等で憲法違反ではないか」として各地の裁判所で提訴されている。そして実際、「違憲状態にある」という判決が、広島高裁や名古屋高裁などで続々と下されてもいる。

角栄が中心になって牽引した「郷土愛による地方の発展」というテーマは、各地域の人たちの心を動かしたが、逆に都市部の人からの反感につながったとも言えるだろう。

かつて角栄はこうも言っていた。

「これからは東京から地方へ出稼ぎに行く時代になる」

これが完全に達成されているとは言えないが、1970〜1980年代に比べて、地方を重んじる空気が醸成されてきたことは間違いない。角栄のように人と地域を愛することで、スムーズな事業の進展が期待できる。**それには視野を広く持ち、関わりがある人々の気持ちを常に読み取る姿勢を保つことがポイントになってくる。**

自分と同じ方向へ進んでくれる仲間を持つ

ベースになる人間関係がないと、起業も事業も成功しない。

ワンマン社長という言葉もあるが、実のところ、そこには常に「番頭さん」なる存在がいるものである。社長の〝ワンマン〟を支える身近なサポート役がいなければ、物ごとはスムーズには動かない。

もちろん、その番頭さんはただのイエスマンかもしれないが、社長から発せられた指令をさらに下へ伝えて、イエスと言わせる立場のイエス伝達マンが必要なのである。

事業への基本的な考え方が合致していて、自分と一緒に同じ方向へ進んでくれる仲間や協力者や部下がいれば、自然と収益に結びついていくものだ。

ちなみに、犯罪者にもこうした考え方を応用しているグループがいる。

「振り込め詐欺グループ」だ。彼らは犯罪だと自覚してひどいことをしているわけだが、まっとうな商売と似ているところもある。グループの誰もが「悪いことをして、カネを稼いじゃおう！」と、足並みをそろえて同じ方向を目指しているところだ。

また連鎖販売取引（マルチ商法）をやっている人々も「仲間意識」をさかんに強調する。「キミも仲間にならないか？」というメッセージでもある。

もちろん、振り込め詐欺やマルチ商法での人間関係は、偽善的で表面的なものでしかないので、すぐに壊れてしまう。そんな持続性に欠ける人間関係は、ロングテールでの収益の期待ができないだろう。犯罪に踏み込んだ商売は絶対にダメだし、同じ目的だからといって何をやってもいいと思ってしまってはいけない。

一般的なビジネスだけでなく、普段の人間関係においても、良からぬところで共感力を発揮したらロクなことはない。覚せい剤などもその典型だ。「一緒にキメよう」などということに共感しては、堕ちていくだけとなる。「間違った方向の共感」は、もっとも注意しなければならないところである。

地域の重要性

仕事においては、人脈と同時に「地域」も大事になってくる。

営業のエリアであったり会社の所在地も、すんなりとした収益の展開をするためには見逃すことはできない。

ＩＣＴ化が進んで情報のやり取りが簡便になり、世界が狭くなったのは事実である。**しかし、しっかりした信頼関係を築いていくためには、これまで以上に〝フェイス・トゥ・フェイス〟が必要になってくる。**すべての連絡や伝達をメールで済ますなどというのは、もってのほか。これでは関係性が希薄になり、ビジネスはうまくいかなくなる。なによりも顔と顔を合わせて、笑顔でコミュニケーションをとることが最善策となるのだ。

「いつも、ありがとうございます！」のひと言が、すべての潤滑油になる。

取引先や消費者が身近にいることで、営業の効果はより大きくなっていく。地域住民に信頼される企業となれるかどうかは、大きなテーマだ。

企業城下町と呼ばれるエリアがある。自動車メーカーでたとえるなら、愛知県豊田市がトヨタだったり、群馬県太田市がスバルだったりする。また、ソフトウェア開発のジャストシステムは徳島県徳島市にある。ＩＣＴ企業のほうが地方移転への取り組みに積極的である。地元で愛され、商売をうまく回していくことは、理想と言っていい。

それは、角栄が地元を大切にして政策を進めていったテクニックとほぼ同じことだろう。

「地盤と人脈」にまつわる角栄の教え❷

人脈と地域を大事にしていた角栄の先見性

人　脈

自分が足を運ぶことでさまざまな分野に豊かな人脈を開拓

↓ 政界
↓ 経済界
↓ 官僚
↓ 学術界
↓ 地元

地　域

「東京から地方へ出稼ぎに行く時代に」

企業城下町が次々と形成

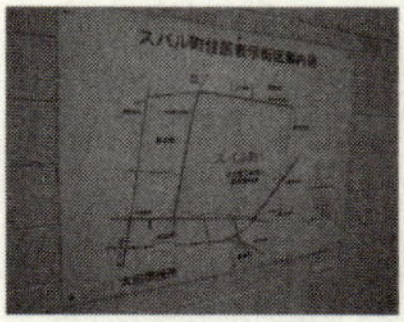

愛知県豊田市（トヨタ自動車）
群馬県太田市（富士重工業）
千葉県君津市（新日鐵住金）等

「地盤と人脈」にまつわる角栄の教え❸

教育と郷土の結びつき

教育こそ国の重要政策

文部科学省が作った現行の学習指導要領のなかには、こんな一節がある。

【地域社会の一員としての自覚をもって郷土を愛し、社会に尽くした先人や高齢者に尊敬と感謝の念を深め、郷土の発展に努める】

ふるさとを愛する気持ちは自然にわいてくるものなので、あえてこんなことを書く必要があるのかどうか。わざわざこんなことを指導しなくてもいいのではないか？……という意見も少なくない。

この後に続く文言は、さらに奇妙な印象を受ける。

【日本人としての自覚をもって国を愛し、国家の発展に努めるとともに、優れた伝統の継承と新しい文化の創造に貢献する】

どことなく押し付けがましいし、郷土を大事に思う心の次にくるにしては、飛躍しすぎではないだろうか。

ただ、角栄もまた、この文科省の一節と似たようなことを言っている。

「世界の国々のなかで、わが国だけが教育の目標、基本、基準をはっきりとさせていない。最大の問題だ。教育に政治を持ち込み、混同させてしまった」

これは、当時対立していた社会党とそれを支持する日教組への牽制だろう。

また、このようにも言っている。

「戦後教育の要となる教育基本法には、善悪の基準、物差しが書かれていない。人は何のために生きるのか、正義とは何ぞや、お互いが奉仕する目標は何か。そういうことがまったく明示されていないんだ。それでいながら、ここまで日本が発展してきたのは、単一民族ゆえの共通の価値観が無言の前提としてあるからだな」

角栄は郷土愛を活かすことを想定に入れつつ、初等教育の重要性を説く。

「大学の教授より、むしろ小学生の先生を大事にしなければいけない。小学校の先生が白紙の子供を教えるのだから」

カネで優秀な教員確保を狙う

角栄が平凡な「保守反動政治家」と根本的に違うのは、より現実に即した方策に取り組んだことだろう。

角栄は、「教員の給与」を上げることに尽力したのである。

給与を向上させるための「人材確保法」という法律は、教員の質を高めることを目指し、角栄が主導して作ったものだ。

この法律の主旨は「教員の給与を一般の公務員より優遇することを定め、教員に優れた人材を確保し、もって義務教育水準の維持向上を図ることを目的とする」となっている。

この法律の施行により、実際に教員の給与は上昇した。

カネで教員の質を高めようとしたあたりは、角栄の合理主義的な考えが反映されている。優秀な人材の心理としては、「給与がいいなら普通の公務員より教員になったほうがいいかも」

となっていく。それを想定したのだ。

カネによる解決は、良い意味でも悪い意味でも角栄が得意中の得意とするところであった。

しかし、その後も教育の問題がすべて解決されたとは言い難い。いじめ対策をはじめとして、指導が行き届いているとは思えないのが現状だ。逆に、給与が上がったため、それ目当てに教員になろうとする質の低い者が増えてしまった……と指摘する人もいる。

だが、教員個々人の思想を弾圧、強制して捻じ曲げようとするより、カネによって人材確保を狙うほうが妥当だろう。政治ができることとしては、最善の策だったかもしれない。

角栄は戦後教育の問題点を指摘した一方で、憲法9条（戦争放棄）は守っていったほうがいいとも言っている。このあたりが角栄らしさだろう。護憲思想は野党の専売特許ではなく、角栄のようにデリカシーのある保守政治家もいるということだ。

押し付けないこと

郷土や教育に関する角栄の発言には、あまり押し付けがましいところがない。自身の率直な郷土愛や教育への思いがにじみ出ている。

それは、それぞれの郷土のなかで、子供たちが立派に育っていってほしいという願いにほかならない。

とくに農村地帯と子供については、角栄が特別なイメージをその心に抱いていたことは間違いない。角栄は「列島改造論における農業の位置づけ」という演説のなかで、このように言っている。

「農村は民族の苗代であり、魂の安息所でもあります。帰り着く墳墓の地は、農村に求めたいのです」

都市部の喧騒のなかで仕事や学業に取り組んだとしても、最後は農村でこそ、安心が得られる……という考え方である。これは、農耕民族である日本人の心に響く。

また、自分が子供時代を過ごした地元では、こんなことも言っている。

「仕事をやりすぎると憎まれることもあるが、私にはこの西山町がある」

ここには「自分の好きな地元」および「地元のみなさんを心から大切にしたい」という思いと、「憎まれて疲弊した心を癒やすのは郷土である」という感慨がこめられている。

率直な郷土愛の表明は、地元民の心に響くのだ。

「地盤と人脈」にまつわる角栄の教え❸

後生が評価する角栄の施策

「教員の給与の引き上げ」

↓

人材確保法

教員の給与を一般の公務員より優遇
（義務教育水準の維持向上が目的）

↓

「小学校の先生が白紙の子供を教える」

郷土愛を根底に置いた地域への貢献

日本の未来を
作り出すのは
子供たちだ！
だから教育に
カネをかける
べきなのだ！

「地盤と人脈」にまつわる角栄の教え❹

郷土で理解を求める

顔を合わせて言葉を交わすことの大切さ

角栄は郷土の新潟で圧倒的な人気を誇った。しかし、何の苦労もなく人気者になったわけではない。

戦後間もなく行われた１９４６（昭和21）年の衆議院議員選挙では、なんとも苦い落選を経験している。

翌年には当選を果たすわけだが、一度の失敗から学んだものは大きかったようだ。

地元を大事にして、エネルギッシュかつていねいな活動をしていくことで、選挙は勝ち抜くことができるという考えに至ったのである。

後輩政治家たちには、角栄はこう言って激励をしている。

「戸別訪問3万件、辻説法5万回、これをやれ。やり終えたら初めて当選の可能性が生まれる。そしたら、改めて俺のところへ来い」

戸別訪問は公選法で禁止されているのだが、地元を重んじる角栄としては、郷土での活動をまずは優先せよという考えなのである。少なくとも立候補する前に、地元で顔を知られているぐらいの人物になっておかなくては、当選の可能性は低い。

そしてまた、角栄はこうも言っている。

「歩いた家の数しか票は出ない。手を握った数しか票は出ない」

いわゆる「ドブ板選挙」というやつだ。家の前にあるドブ板をまたいで、そこの住民とコミュニケーションを取ることが、選挙で勝つためには必要となる。かっこつけて頭を下げることをイヤがっていたら、地元住民の支持は得られない。

この考え方は、角栄がかわいがった小沢一郎（現・自由党代表）も色濃く受け継いでいる。小沢はこうした「ドブ板」活動を自身の基盤作りの基本として、「選挙のプロ」と呼ばれることも多い。

郷土とのつながりが希薄になりつつあるいま、小沢は地元活動の重要性を強く説いている。

そしてメディアの影響でポピュリズムが横行する現在、「顔と顔を合わせて言葉を交わす」ことの大切さを再認識すべきということだろう。

角栄が勝って自民党が負ける

角栄はロッキード事件で被告となり、1983（昭和58）年には一審判決が下る。懲役4年の実刑判決だった。

角栄側は即日控訴し、裁判はさらに続くことになる。

この判決直後、角栄は当時の中曽根康弘総理に「解散したほうがいい」と婉曲に言った。そして、野党との合意も得られたため、衆議院は解散することになった。

「田中判決解散」によって選挙となったわけだが、その結果が興味深い。有罪判決を受けたにも関わらず、角栄は地元から22万票という自身では過去最高の支持を受けて当選した。

一方、自民党全体としては惨敗し、過半数割れとなる。保守系議員を追加公認して、ようやく過半数を確保する有様だった。

この選挙では、金権政治や闇将軍の権力を批判していた作家の野坂昭如が角栄と同じ新潟三区から立候補したが、落選という結果になる。小説『火垂るの墓』で知られる野坂は旧制新潟高校出身で、地元とわずかながらゆかりがあったが、角栄の牙城を崩すには至らなかった。

角栄は圧勝し、自民党は負けた……というこの選挙は、地元と日本全体の温度差を表していた。メディアが主導して角栄流の金権政治批判の声が高まっているなか、野坂の立候補も日本全体の空気を受けての出馬だった。しかし新潟三区では逆に、角栄を応援しようとする人たちが増えたのである。

もちろん、郷里のスーパースターである角栄への地元民からの信頼が厚かったということもあるだろう。

だが、それだけではない。ある心理法則を当てはめて考察してみよう。

過去最高票に結びついた心理的要因とは

22万人以上の地元選挙民は、有罪判決を受けた角栄になぜ投票したのか？　**ここにはマーケティングなどでいう「心理的リアクタンス」の作用もあったに違いない。**

リアクタンス（reactance）とは電気用語で「抵抗」を意味するが、この場合「反発」という意味合いで使われる。

誰かが商品を押し売りしようとしてきたとき、人は反発して買いたくなくなる。また、「これが正しいんだ！」と上から目線で言われると、反発してその言葉を素直に受け入れる気にはなれない。

これが心理的リアクタンスである。メディアの主導で日本全体が「金権政治」「闇将軍」を批判していたとき、角栄の地元住民は心理的リアクタンス状態になったと考えられる。司法までもが角栄を一審で有罪と断じたが、地元住民はこれにも反発した。ずっと信頼を寄せていた地元のヒーローがピンチだ……となると、相手が日本全体だろうと司法だろうと関係ない話となる。

そして、角栄に応援の一票が投じられたわけだ。一方、他の地域には日本全体の空気が波及していたため、自民党議員は落選に次ぐ落選という結果になった。

強くアピールするとそれに押し切られてしまう人もいるが、逆に反発してしまう人もいる。心理的リアクタンスを考慮に入れておかないと、意外な結果が出ることもあるのだ。

「地盤と人脈」にまつわる角栄の教え④

ロッキード事件後に角栄が政界に返り咲いたメカニズム

❶ **戸別訪問3万件、辻説法5万回のドブ板選挙**
→ 地元活動の重要性

❷ **「心理的リアクタンス」の作用**
→ 追い詰められた地元のヒーローに

↓

過去最高22万票のトップ当選

故郷を大切にしていたからこそこれだけの票を獲得することができたのです！

「地盤と人脈」にまつわる角栄の教え❺ 目に見える仕事と目に見えない仕事

地元に愛される仕事をする

角栄は地元で、目に見える仕事をした。道路だったり橋だったり鉄道だったり、とにかく地域の発展をうながすためのインフラ投資をしていったのだ。

柏崎市に角栄の名前をつけた橋が四つあることも有名だ。「和田橋」「市中橋」「井角橋」「東栄橋」と、名前の真ん中の文字をつなげると、「田・中・角・栄」になる。建設業界が角栄に感謝の思いを持っていたこともよくわかる。また、地元住民の角栄への親愛の情を見て取ることもできる。

また、利益誘導政治の象徴ではないかと言われた小千谷市の塩谷トンネルについて、角栄はこう語っている。

「親、子、孫が生まれ故郷を捨てず、住むことができるようにするのが政治の基本だ。だから、このトンネルをつくったんだ」

郷土を豊かにして日本を潤す

公共工事は地方へのバラマキだという批判が強かったが、角栄はカタチを残すことで、みずからの政策実現を果たした。

同時に角栄は、カタチあるものによって地元住民との絆を示したかったのだろう。橋やトンネルには、角栄の心にあった郷土への思いが詰まっている。

だが、普通はこうして「目に見える」「カタチが残る」仕事は、限られている。

接客サービスはカタチに残らないし、自動車工場で大量生産されたクルマも、どの車体番号が自分が組み立てたものかすぐにはわからない。営業職で良好な売り上げがあったとしても、残るものはあくまで数字でしかない。

一般的なビジネスマンやサービス業では、「目に見えて、カタチが残っている」仕事にはならないことが多々あるのだ。**しかし、何かカタチに残しておくことは効果的で、それが自分自身や職場の人間関係などに与える心理的影響は大きい。**

「このプロジェクトは誰々がやったものだ」という事実が周知されることで、関わった人物の評価につながっていく。ある程度の時間が経っても、ダメな仕事か良い仕事かを誰かに査定されることになる。

角栄はそうした心理的効果を熟知していた。カタチとして残しておけば、親から子へと伝えられ、信頼も持続的になっていく。

ただ、角栄流をマネした政治家たちが、日本全国に役立たずなものを続々と作ってしまったのは問題だろう。ほとんどクルマや人が通らない道路を舗装することに何の意味があるのか……という批判は出るべくして出てきた。

税金の使い道として疑問に思う人は少なくない。角栄の手法が世に知られて以降、バラマキ公共工事への逆風は強くなっていったのである。

しかし、角栄は日本がガンガン右肩上がりで成長している時代に実権を握っていった人物である。心の底から日本の発展を信じていただろうし、発展させなければならないとも考えていただろう。そのためには、まずインフラを整備していくことが最善の策だとして結論づけたわけである。

わがふるさとをはじめとした各地域、郷土の経済が発展すれば、やがては日本全体にもそれが波及していく……というわけだ。

もちろん、公益ということを考えつつも、自分の権力を安定的なものにする錬金術としての狙いもあったに違いない。公益のためにすべてを投げうった聖人というわけでもなく、私利私欲一本で押し通す邪悪な人物でもない。

郷土愛に相当するものは……

余談だが、「清濁併せ呑む」という故事成語がある。これは良いことも悪いこともしてしまうという意味ではない。良い人も悪い人も受け入れてしまう「心の広さ」を表している。悪い人物さえも許して受け入れてしまう度量という意味だ。本人に善と悪が両方あるという意味とは微妙に違う。

角栄は「清濁併せ呑む」心の広さがあったから派閥も巨大化していったわけだが、彼本人の心の奥底にあった個人的な欲望はどのようなものだったのだろうか。

かつて西郷隆盛は「命もいらず、名もいらず、官位もカネもいらぬ人は、始末に困るものなり」と言っていた。この言葉は「個人の欲望」と「公益」とのバランスをどこかで取らないと、政治は動かない……という解釈ができる。

角栄は「自分の欲望達成への思い」と「公益を考え実践したい思い」のバランスを、何%ぐらいずつ持っていたのだろうか。

ただし、角栄の「郷土愛」に嘘はない。すべてのスタートは郷土愛にある。郷土愛という素朴な思いから、角栄は「国土の均衡ある発展」とまで言いだし、インフラ整備に投資するというスケールアップに結びついていった。

何をやるにしろ、動機づけのベースとして必要なのは、角栄の郷土愛のような心情である。

そして、「角栄にとっての地元選挙民」にあたる人が周囲にいるかいないかで展開は変わってくる。**つまり「味方」「支持者」がいるかいないか。まずは「同じ対象を愛する人物」の有無を確認してみるしかない。愛する対象がただの「カネ」でしかない場合は、角栄のような大物にはなれないというだけの話である。**

「地盤と人脈」にまつわる角栄の教え❺

目に見えて「カタチが残る」仕事の心理的効果

◎ **「カタチ」に残すことで親から子へ伝えられ信頼が持続する**

× **バラまき公共工事による税金のムダ使いで批判殺到！**

なぜ角栄は成功できたのか？

郷土を
豊かにして日本を潤す!
その信念!!

❶「高度成長期」であることを見抜いていた

❷徹底した「地元愛」に隠された「個人の欲望」

コラム❸

『日本列島改造論』の実現へ

第2次世界大戦終了から間もない1946（昭和21）年、戦後初の衆議院議員選挙が行われることとなった。

その際、若き土建業経営者だった角栄の元に、ある政党から資金援助依頼の話が舞い込んだ。角栄は二つ返事で援助を約束したが、その際、「選挙に出馬してみないか」と国政への出馬を打診されたという。政治に興味のなかった角栄は、まったく乗り気ではなかったため当初は断ったが、何度も「カネさえ出せば当選できる」と説得されたことで最終的に出馬を決意する。

若くて体力もあり、資金も豊富だった角栄は、有権者を前に、

「新潟の雪をなくすためには三国峠を切り崩して平らにしたのち、土は海に埋めて佐渡と陸続きにすればいい」

と、独自の理論を展開した。非常に斬新でダイナミックな提言ではあったが、前年まで戦争をしていた70年前の農村で暮らす人々には、角栄の話は荒唐無稽にしか聞こえなかったらしい。

しかし、この発言には、雪深い寒村で暮らす郷土民の生活を少しでも楽にさせたいという熱意が、角栄なりの表現で込められていたのである。

「越後の民は、どうしてこうも貧しいのか……」

角栄はそのことについて、ずっと心を痛めていたのであった。

さて、肝心の選挙のほうだが、選挙運動中、角栄陣営の人間が選挙資金を着服したり、支援者からの裏切りに遭ったりなどの波乱が重なった影響もあってか、角栄はあえなく落選してしまう。それでも、角栄は落選を経験したことで、

「選挙区の人たちと絆を深めなければ当選はない」

との思いを強くし、選挙区内をくまなく回るようになった。人の家の玄関前のドブ板をまたぎ続ける、いわゆる「ドブ板選挙」である。そして、翌1947（昭和22）年に行われた衆議院議員選挙において、見事に29歳の若さで初当選を果たす。

それから25年後の1972（昭和47）年、角栄は自民党総裁選で勝利を収め、ついに田中内閣が発足。妄言としか受け止められなかった若き日に抱いた理論は、地元の新潟県のみならず、『日本列島改造論』として日本国民全員に浸透することになったのだった。

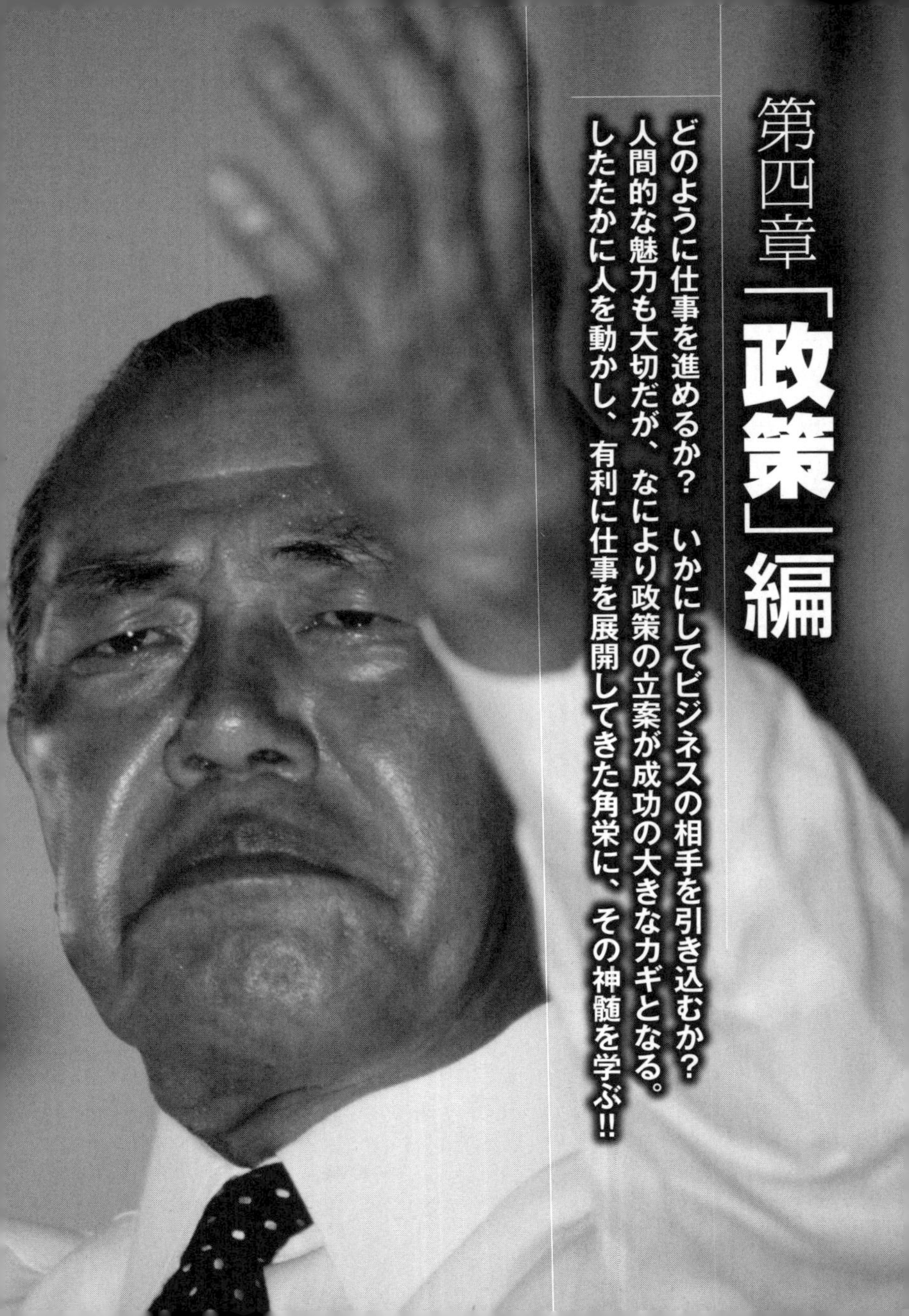

第四章「政策」編

どのように仕事を進めるか？　いかにしてビジネスの相手を引き込むか？
人間的な魅力も大切だが、なにより政策の立案が成功の大きなカギとなる。
したたかに人を動かし、有利に仕事を展開してきた角栄に、その神髄を学ぶ!!

角栄の金言
「できることはやる。できないことはやらない。
すべての責任はこの田中角栄が負う。以上！」

「政策」にまつわる角栄の教え❶

仕事に取り組む姿勢と「運」

理論と実地体験の両方を把握してこそできる

かつて、宮沢喜一は田中角栄に対してこう言っていた。

「田中さんは天才的な発想をする人だった。役人出身の私たちとは発想が違っていた。どの登山口から登ろうが、富士山の頂上に行ってしまうようなところがあった」

東大、大蔵省、代議士、総理という王道を歩み、英語力も歴代でもっともすぐれていると言われた国際派の宮沢が、心のどこかに叩き上げ角栄への反感を持っていたであろうことは推察に足る。しかし、こうして褒め称えざるを得ないほど、角栄の人気と実力に脱帽するしかなかったのだろう。

政策を練り込み、それを実現化していく角栄の才覚は、データにもあらわれている。それは議員立法33件という数字だ。

「議員立法」とは、官僚が考えた法案ではなく、文字通り議員が考え出した法案のことだ。たいていの政治家は官僚任せであり、渡された法案を検討することばかりが仕事になっているが、角栄はみずからこれだけの法案を出していたのである。

33件の議員立法にとどまらず、共同提出や作成に何らかの関与をした法律は100件以上にも及ぶ。とりわけ公共事業関係の法律が多く、角栄が高度経済成長に寄与したと評価されるのも納得がいく。**土建業を下地にして政治の道へ進んでいった角栄は、公共事業をするにあたってどのような法律が必要なのかを熟知していた。**

理論と実地体験、どちらも把握していたからこそ、できた芸当だろう。

誰もが疑わない政策立案

角栄はこう言っている。

「過密と過疎は盾《たて》の両面であり、都市改造と地方開発はいまや同義語である」

都市偏重と地方の停滞という現状を打破するためには、公共事業が必要になるという。これは日本経済がまだまだ右肩上がりだった1967（昭和42）年に都市政策調査会長に就任したときの発言である。時代の空気に即したメッセージであり、周囲の多くがその政策推進を支持することになる。

また、1981（昭和56）年になって経済成長が緩やかになっていくことを見越すと、微妙に方針を変えていく。

「公共事業は断固やる。ただ二つ言っておく。有料制度が大幅に採用される。用地は極端に言うと全部地元で出しなさい」

まだ公共事業をガンガンやるが、以前と同じようにではなく条件付きになり、みんなも負担してくれ……という判断である。もちろん、そこには根拠となるデータもあるが、角栄はそれと同時に「人々がなんとなく感じていること」を鋭敏に読み取っていた。

大衆心理に訴えるためには、時代の空気を読まなくてはならない。少なくとも、読む努力はしたほうがいい。そうすれば、多くの人に疑いをかけられず、政策を進められる。

「明治以来の折り返し点だ。一次人口は減る。だから二次、三次産業を増やす。それが新幹線、

高速道路、電源開発だ」

これも1981（昭和56）年だが、時代への嗅覚だけでなく、地道な情報収集をして現状把握をした上での発言だ。

ただ、発言が結果として成功するか否かは、神のみぞ知ること。最大限の労力をはらっても、タイミングなどのいわゆる「運」がなければ、つまずいてしまう。

運のとらえかた

角栄は「自分には運があった」と言っている一方、「努力と根気、勉強が運をとらえるきっかけだ」とも言っていた。これは「努力と根気による勉強」を実践していたからこそ言えることだ。

いまどき「努力」だの「根気」だの「勉強」だの、古臭く陳腐な印象を持つ人は少なくないだろう。しかし、それを実践することはなかなか難しい。何ごとにも正面から直球勝負で向き合ったことがない人物ほど、こうした言葉を軽んじる傾向がある。

角栄はこうしたキーワードに正面から向き合ってきた。結果がどうあれ、取り組むことに価値を見出す。たまたま結果に結びついたことで、「運」も引き寄せ、政策実現へと展開していった。

最近はネットの匿名による罵倒や悪口雑言やイヤミを見かける機会が増えた。行動力のない人間が行動力のある人間を馬鹿にするという図式があちこちで見受けられる。

愚かな行動をしてしまう人物にも責任はあるが、それを馬鹿にして悦に入るというのも褒められたものではない。

ＰＣやスマホをいじりながら、世界が自分のものになってしまったような錯覚を持つ人が増えているということでもあるだろう。

「不言実行」まで禁欲的にならずとも、まずはちょっとした「言行一致」からのスタートが重要ではないだろうか。「言うだけ番長」になってしまっては、ミジメったらしいだけだ。

「有言不実行」は、角栄がもっとも嫌っていたことだ。角栄は「できることはできる。できないことはできない」とはっきり宣言していた。

こうした姿勢をベースにして根気よく努力を重ねて勉強していけば、運を手に入れる確率も高まる……と信じていくしかないのだ。

「政策」にまつわる角栄の教え❶

運を捉えていた角栄

「努力」「根気」「勉強」で運をたぐり寄せ政策実現につなげた

ネットに悪口雑言の投稿をする人、行動力のない人が行動力のある人をバカにする風潮

↓

「有言不実行」は角栄がもっとも嫌っていた

「政策」にまつわる角栄の教え❷
結論を最初に言え

ビジネスや人間関係ではまず結論

たいていの仕事は、何らかの共同作業をともなうものだ。人間関係が円滑でないと、仕事の進捗に影響が出ることは多い。まずは相手の話をよく聞き、行動を細やかに観察して、その人が何を考えているのかを理解しようとセンサーを働かせる。

その人の考えを把握したら、仕事なり作業なり、何らかの行動に反映させる。

「己のみを正しいとして、他を容れざるは、民主政治家にあらず」

角栄はそう言っていた。人の話や意見をよく聞き、その考え方と自分の考え方を照らし合わせていく作業。

それが、民主的方法というものだろう。

角栄がまったく立場の違う人間にも一目置かれるようになったのは、こうした手法を実践していたからに他ならない。

同時に、こちらのメッセージがしっかり伝わっているかどうか、ということもポイントだ。伝わっていると思っていたのに、実は伝わっていなかった……というケースも多々ある。連携がうまくいかず、結果的にスタンドプレイとなってしまい、トラブルが発生して困った経験のある人もいるはずだ。

わかりやすく相手にメッセージを伝えることは、仕事上ではとくに重要になってくる。

角栄がよく口にした「結論を最初に言え」という言葉は有名だ。これはブリーフィングやプレゼンをするときの基本となる。

映画や小説やマンガのストーリー展開においては、「起承転結」が基本になっている。しかし、ビジネスや人間関係における事務的な伝達事項においては、「結」を最初に持ってくることが、もっともわかりやすいメッセージとなるのである。

グダグダと時系列順に話すと、相手が理解しづらくなることが多い。むしろ最初にオチを言ってしまうのが伝わりやすい。

これを実践しないと、漫才師のサンドウイッチマン富澤さながらに「ちょっと何言ってるかわからない」とつぶやかれてしまうことにもなる。

結論の扱い方もTPOで

しかし、普通の友人関係などにおいては「結論を最初に言うべし」が該当しないケースも少なからずある。

お笑いモンスター、明石家さんまが、ダメなトークとしてよく挙げる例がある。

女性に多いが、最初にこう言いはじめるパターンだ。


「ねえねえ、面白い話があるの」


これはスタート時点でハードルを上げてしまい、結局は相手をがっかりさせてしまうことが多い。本人は面白いと思っている話かもしれないが、相手は初めて聞く話だ。最初から自分の感想を結論として述べてはいけない……とさんまは指摘しているわけだ。

この手の話は映画や小説やマンガと同じように「起承転結」で、淡々と伝えていくのがベストだろう。

しかし、事務的に伝達しなくてはいけないことに関しては、やはり「結論は最初に言う」がもっとも効果的に伝わる。

60年代~70年代の高度経済成長を支えた角栄は、こうしたビジネスマナーでもサジェストしてくれていたのである。

演説の基本テクニック

事務的な伝達とは別に、政治家の場合は「演説」がある。支持される政治家はみな、演説が上手い。巧みな演説は聴衆をひきつけ、票につながっていく。

アメリカのオバマ前大統領の演説の上手さには定評があった。また、内容はさておき、選挙戦におけるトランプ大統領の演説も票を増やすテクニックが駆使されていた。それは、プロレスのマイクアピールの応用だった。

トランプはかつて、プロレス団体「ＷＷＥ」に声をかけられ、リングに立ったことがある。実業家をリングに上げるストーリーは、アメリカンプロレスが得意とするところだ。このＷＷ

Eの社長、ビンス・マクマホン・ジュニアのマイクアピールから、トランプは巧みな演説テクニックを学んだのである。

プロレスというエンターテインメントは、観客にストーリーをしっかり伝えないと成り立たない。いきなり体のでかい男同士が意味もなくただ殴り合いをしても、ファンがそこに感情移入できないからだ。

だが、Aという選手とBという選手に、何らかの因縁があった上で試合となれば盛り上がる。そのためにも因縁（ストーリー）をマイクアピールで観客へていねいに伝えることが必要となってくる。**アメリカンプロレスでは、明瞭な発音と言葉の抑揚、そして巧みな「間」を使って、わかりやすく伝わりやすいマイクアピールをする。**

これが巡り巡って、トランプの大統領選勝利にまで結びついたのである。

そして、角栄もずば抜けて演説が上手かった。角栄の演説は、ある意味、芸の領域に達していたと言ってもいいだろう。

実際、角栄の演説は多くの人にモノマネをされるぐらい個性があり、聴衆をひきつけるパワーは他に類を見ない。次項ではそんな角栄の演説テクニックについて触れることにする。

「政策」にまつわる角栄の教え❷

共同作業を円滑に進める角栄の仕事術

角栄の基本姿勢

己のみを正しいとして他を容れざるは民主政治家にあらず

●人の話を聞く
●行動を観察する

何を考えているのか？

その考えを反映させる

「結論を先に言う」

※プレゼン時、もっとも効果的なテクニック

「政策」にまつわる角栄の教え❸

バーバルとノンバーバル

相手から興味を持ってもらうには?

政策でも仕事上のプロジェクト案でも、まずは誰かに賛成をしてもらわないことには物ごとはなにかと進展しない。個人事業主や起業家であっても、すべて自分だけで決定できることはそれほど多くはないのだ。

周囲に同意を得るためには、しっかりと真意が伝わる説明が必要になる。

政治家の場合は、論文を書くという方法もあるが、やはり生ライブで訴える演説の影響力は大きい。

聴衆の心をとらえるには、どんな演説をすればいいのだろうか。また、普通の会話でも、相手から興味を持ってもらうためにはどうしたらいいのか。

角栄の演説は、そうした疑問に答えてくれている。

「バーバルな部分」と「ノンバーバルな部分」において、角栄はすぐれた心理テクニックを発揮していた。バーバルとは「言葉による」という意味で、ノンバーバルとは「言葉以外のものによる」という意味である。

バーバルな部分でのポイント

伝えたい内容は言葉によって表現されるわけだが、演説の場合、完璧に理路整然としている必要はない。断片的な言葉の羅列に近くても、伝わってしまうことさえある。

論文の場合は理路整然としていないとわかりづらくなるが、演説はあくまで話し言葉で伝えるため、聴衆にはより感覚的に届く。

演説はする側が時間をコントロールするが、論文は読む側が時間をコントロールする。演説では「次に何を言うのか」を聴衆が先に聞くことはできないが、論文では早く読む人、ゆっくり読む人……など、人によって違うのでおのずと理解のスピードも百人百様となる。

言葉の構成は、演説においては極力簡潔であることが望ましい。論文ならある程度まで長いセンテンスでも許容されるが、演説では聴衆がダレてしまう。

また、これは演説にも論文にも共通していることだが、「言葉の選び方」によって伝わり方が違ってくるのは当然のことだ。

角栄は、こんな表現をしたことがある。

「いまの国道116号線は幅員5メートル。雨が降るとドジョウがダンスしている有様だった」

だから、道路整備は必要だ……という話に展開していくわけだが、ドジョウのダンスという表現はユーモラスでイメージしやすい。

角栄に限らず、すぐれた政治家は「たとえ話」が上手い。バーバルな部分では巧みなたとえ話によってかなりポイントが稼げる。

また、力強く断定的な表現が必要にもなってくる。角栄はこうも言っている。

「ノーは、はっきり言え。そうしたら信用されるんだ」

はっきり言える事柄については、言い切ってしまうほうが伝わる。

ただ、角栄の表現をマネした結果、失言に結びついて失敗してしまった政治家は多い。**面白**

おかしくユニークなたとえ話で伝えたい気持ちが先走ると、ついデリカシーのない差別的な表現になってしまうこともある。これは政治家に限らず、誰もが気をつけなくてはならないことだろう。

毒舌をウリにしている有吉弘行などの人気タレントは、そのあたりのサジ加減がうまい。リアルな過激に陥ることなく、〝過激っぽく〟表現しているだけで「毒舌」というステイタスを得られる。リアルに過激な考え方の表現は文字通り「シャレにならない」のであって、ドン引きされる。そして、人を不快にしたり傷つけたりする結果となる。

こうなってしまうと確実に人気者にはなれないだろう。ただ、トランプ大統領が誕生したことで、これから少し流れは変わっていくのかもしれない。

声質・抑揚・表情と仕草

角栄はバーバルな部分だけではなく、ノンバーバルな部分でも強力な伝達センスを持っていた。いや、むしろノンバーバルな部分が強力だったからこそ、角栄が大人気の政治家になったのかもしれない。

角栄の演説は、声の質、抑揚、強弱や「間」のとり方、そして表情の変化と仕草が、人をひきつける。

角栄は太いダミ声をベースに、話に強弱をつけて演説をする。「声が小さいと信用されないんだ」と角栄は言っていたが、これはすべて大きな声で話せという意味ではない。

演説ではボリュームを絞るところでは絞る。大きな声と小さい声の強弱がリズムになって、人をひきつけるのである。そしてそれと同時に「間」を巧みに活用していく。大きな声、小さな声、静寂……という組み合わせの妙である。

そしてそれと並行して「表情」にも変化をつけていく。「目は口ほどにものを言い」という表現があるが、人は目を見て相手を査定することが多い。角栄はときとして少年のような笑顔となり、ヤクザのような怒り顔にもなる。

さらに、身振り手振りの仕草が加わる。角栄の右手を挙げる挨拶ポーズは有名だが、演説中にも手を使う動作を活用していた。

ノンバーバルな表現が苦手な人は、角栄の動画を見て、その表情や動きをマネしてみることからはじめてみたらどうだろうか。

「政策」にまつわる角栄の教え❸

角栄の大衆を引き込む演説テクニック❶

バーバル（言語的）な部分

●言葉のセンス（ユーモア）
●巧みなたとえ話
●断定的な言い切り（NO）

ノンバーバル（非言語的）な部分

●声の質（ダミ声）
●抑揚・強弱（ボリュームを絞る）
●間の取り方（静寂）
●表情の変化（笑顔・怒り顔）
●身振り手振り（挨拶ポーズ）

↓　↓　↓

巧みな使い分けで聴衆を引き込む

「政策」にまつわる角栄の教え❹

正当な「目的」と妥当な「手段」

より多くの人を幸福にするために

かつて「政治家は51％は公に奉ずるべきだ。私情は49％にとどめておくべきだ」と角栄は言っているが、「私利私欲」ではなく「私情」というところがミソだろう。それだけで、まったく意味が違ってくる。

もちろん、自分で「私利私欲」などと言うわけはない。しかし角栄の心の奥底には、そうした意味合いもあったかもしれない。

政治というのは、より多くの人を幸福にすることを目的としている。

かつてイギリスの哲学者、ベンサムは正しい政治や政策の在り方について、「最大多数の最大幸福」という名言を残しているが、ここには少数がある程度切り捨てられてしまう現実が織り込まれている。

政治とはあくまで「最大公約数」であって、全員を幸福にすることはできない。より多くの人を幸福にするために、知恵を絞っているのが民主主義政治である。

一方、功名心が強く、自分の幸福だけを考えている政治家も少なからずいる。まあ、これは論外というものだろう。

みんなが幸福になってくれれば、自分も幸福だ……という感覚の持ち主が、もっとも政治家に向いていると言える。さすがに「自分は不幸でもいいから、みんなを幸福にする」という自己犠牲レベルになると神の領域なので、そこまで政治家に求めてはいけない。

日本を良い国にしたい。なるべく多くの人を幸福にしたい。とくに、都会ではなく地方の人を幸福にしたい。角栄の動機づけはそうした素朴なところにあった。

だがその「目的」を達成するための「手段」については、評価が分かれるところとなった。

金権政治は絶対にダメだと考える人と、多少は金権政治でもいいではないかと考える人が侃々《かんかん》諤々《がくがく》、いまだに論争は尽きない。

「いかに」「何のために」

この目的と手段の関係は、一般的な仕事においても同じことである。

「利益が出さえすれば（目的）、少しぐらい悪いことをしてもいい（手段）」と考えるか、はたまた「法とルールと社会常識、商道徳にのっとって悪いことはしないで（手段）、利益を出していく（目的）」とするか。

これは普通に考えてみても、究極の選択になるかもしれない。後者をあまりに押し通すと、利益が出ない可能性もあるからだ。そうなってしまっては、会社が潰れて一巻の終わり。そこで、少しぐらい悪いことをしてもいいではないか……という誘惑にかられる。

ルネサンス期イタリアの思想家、マキャベリの「目的のためなら手段を選ばない」とは、もともと政治についての考え方だが、これを経済活動に置き換えると、暴走は際限なく続くことになる。振り込め詐欺だろうがキャッチセールスだろうがマルチ商法だろうが人迷惑だろうが、「儲かれば勝ち」だと考えるヤカラは実際に多い。

企業のコンプライアンス（法令遵守）ということがさかんに言われるようになって、だいぶ時代が経過した。しかし、いまもなお繰り返し言われ続け、依然としてこの言葉の意味さえも知らない会社員がいるというのはなぜだろうか。

これは、少しぐらい法令を破っても商道徳を欠いても儲ければオッケー……という企業が多い現状の裏返しでもある。あるいは、わかっていてもとりあえずお題目だけ唱えておけばアリバイ作りになる……と考えている企業が多いということかもしれない。

角栄はこうも言っていた。

「世の中、白と黒ばかりではない。グレーゾーンがいちばん広い」

実際、その通りなのである。

「ブルドーザーつきコンピューター」の解釈

角栄の場合、手段が「妥当ではなかった」とされ、金権政治だと批判をされた。

「ブルドーザーつきコンピューター」と呼ばれていた角栄だが、この言葉もいろいろと解釈できる。「コンピューターが狂って、ブルドーザーが暴走してしまった例」なのか、「コンピューターが正確に機能して、ブルドーザーが大工事を成し遂げた」ととらえるべきなのか。

かつて社会党委員長を務めた村山富市は、こう述懐している。

「社会党にとっては大きな政敵だったが、日中国交回復に尽力するなど、共感できることもあった。一方で、金権腐敗を拡大した人物であり、戦後日本の光と影を象徴している」

果たして、一般の社会人でも、こうした光と影の使い分けが必要なのかどうか。

影の部分を是とするならば、怪しい仲間が集ってくる。光の部分を是とするならば、健全だが無能な仲間が集ってくるかもしれない。

ところで角栄は「即断即決」と言い、何ごとも基本的にスピードを重視していた。しかし、時間がかかってしまう事柄があることもわかっていたので、そんな陳情のときは躊躇せずに、「ちょっと待ってくれ」と伝える。

相手にとってみれば、なるべくすぐにやってほしい。しかし、その期待にこたえることが難しく時間のかかる案件もある。

「目的」と「手段」の関係は、即断即決できる事柄ではない。「影」のほうに即断即決した人は、悪事と親和性が高いことは間違いない。

ただし、悪事をしたからといって儲けが出る保証はないのである。

「政策」にまつわる角栄の教え❹

角栄の大衆を引き込む演説テクニック❷

表情の変化

「笑顔」と
「怒り顔」の
使い分けに
長けていた角栄

身振り手振り

しっかりと
計算されていた
右手を挙げる
演説のポーズ

聴衆を飽きさせない数々の
テクニックを内包している

「政策」にまつわる角栄の教え❺
政策を達成した心理術

五つの大切・十の反省

1974（昭和49）年、日本武道館で「田中総理を励ます新潟県人の集い」が開かれた。
ここで角栄は「五つの大切・十の反省」というメッセージを出した。

「五つの大切」とは、①人間、②自然、③時間、④モノ、⑤国と社会。

「十の反省」とは、①友だちと仲良くしているか、②お年寄りに親切にしているか、③弱い者いじめしていないか、④生き物や草花を大事にしているか、⑤約束は守っているか、⑥交通ルールを守っているか、⑦親や先生、人の意見を聞いているか、⑧食べ物の好き嫌いはないようにしているか、⑨人に迷惑をかけていないか、⑩正しいことに勇気を持って行動したか。

角栄は子供や青年を相手に、「素朴で」「正しく」「健全な」考え方を伝えようとした。ここには角栄の真っ直ぐな思いが込められているが、あくまで理想論と言われても仕方ないだろう。

しかし、角栄がこうした考えを出すことにも計算があった。リアル・ポリティクス（現実主義政治）を推進しながらも、決して理想を忘れてはいないというメッセージである。

これを聞いた聴衆はうなずいて、こうつぶやく。

「うん。その通りだなあ」

退屈な正論であっても、実績と信頼を築き上げた人物が語れば、誰もが納得する。もともと何もない人間が退屈な正論を言っても、陳腐な印象しか持たれない。

「コンテキスト」と「テキスト」という分類がある。コンテキストというのは「文脈」のことで、テキストというのは「文章」のことだ。発言というのはコンテキストに影響されるところが大きい。いくら素晴らしい文章（テキスト）であっても、それを書いた人が誰かによって印象が変わってくる。

現職の総理大臣が言えば、どんな平凡な理想論のテキストでも素晴らしいものに聞こえてしまうのである。

天皇との距離感と国民心理

角栄は「日本の今後の進路はひと言に要約すれば、〝平和と福祉〟に尽きる」と言っている。

さらに「憲法なんて百年変えなくていい」と、主に9条のことを指して断じている。角栄が生きていたとして、いまでも同じことを言うかどうかはわからない。しかし、当時は少なくとも改憲強硬派とは一線を画していた。

角栄とライバル関係にあった福田派の流れをくむ現在の安倍政権が、憲法改正に積極的なのは周知の通り。

角栄は従軍経験もあったため、保守政治を進めつつも、平和への思いを忘れてはいなかった。こうした部分は、地元有権者のみならず、多くの国民が共感できる部分だろう。角栄はそれも計算づくで、発言のなかにこうした考えを織り込んでいったのだ。

作家の保阪正康は「昭和という時代を代表する首相は、東条英機、吉田茂、そして田中角栄ではないか」と指摘している。戦前・戦中・戦後という時代のなかで、大きな存在となっている3人がそれぞれ、軍人出身・官僚出身・民間叩き上げ……というわかりやすいカラーの違いを見せたことになる。

角栄が国民のハートをつかんだ理由は、天皇との距離感にもあらわれているかもしれない。

角栄は昭和天皇に対して、過剰な敬意を表に出すことはなかった。「天皇の公務の負担軽減等に関する有識者会議」でもヒアリングされた先出の保阪は、こう指摘している。

「（角栄は）天皇に対して特別な感情を示していない。〝無作為の国体破壊者〟と言えるかもしれない」

だが、この角栄の感覚は、一般国民の感覚に近いものではないだろうか。

「天皇のことは嫌いでないし、むしろ好きだけど、大騒ぎするほど好きってわけでもない」

……というぼんやりした空気は、現在の国民の平均的な感覚だろう。

陰謀論者が、天皇への不敬が角栄を表舞台からの失脚に追い込んだ……と妄想するには充分な材料である。

周囲の気持ちを察する

角栄は国民の気持ちを察することに長けていた。それは、眼の前にいる人物の気持ちを読み取る能力に支えられていた。

その能力、心理術は、日中国交正常化交渉の際にも発揮された。

当時の中国首相・周恩来は、日本が侵略してきた歴史に触れる。そして交渉は停滞した。こで、角栄が神妙な顔でこう言い出したのだ。

「私も二等兵で、満州にいた。私のかまえた鉄砲が、どこを向いていたかわかりますか」

場は緊張に包まれた。しかし、その後の角栄のひと言が空気を変える。

「ソ連ですよ」

一同は、爆笑の渦となった。

こうしたちょっとしたユーモアで座をなごませる心理術は、角栄ならではだろう。笑いは緊張と緩和によって生じる。

角栄は「日中国交正常化は、大きな歴史のなかでとらえ、いつか誰かが果たさなければならない仕事であったと信ずる」という言葉を残している。

現在は尖閣諸島など多くの課題を抱える両国関係だが、当時の外務省と角栄が苦労して国同士のパイプを作っておいたことで、なんとかバランスが保たれているのである。

「政策」にまつわる角栄の教え❺

政策を達成・実現するための角栄の心理術

金権政治を批判されながら“理想”を語った（「友情」「敬老」「いたわり」など）

→

ここに角栄が築いた「信頼」と「実績」がMIX

↓　↓　↓

聴衆が酔いしれる言葉

↓

聴衆の心理をつかめばあなたにも実現できる!!

コラム❹

低学歴の田舎者から真のリーダーへ

初当選から10年後の1957（昭和32）年、第1次岸信介改造内閣の発足に際して、角栄は39歳で郵政大臣に就任した。30代での大臣就任は、戦後初の偉業であった。

その時点までに当選回数は5回、自民党内でも副幹事長を任され、義理の娘を後に首相になる池田勇人の甥っ子に嫁がせるなど、角栄は着実に政界での足固めを進めていた。

そして、1962（昭和37）年に第2次池田勇人内閣において大蔵大臣に44歳で就任。

登庁の初日、官僚らを前に角栄はこのようにスピーチした。

「私は高等小学校しか出ていない素人だが、トゲの多い門松をたくさんくぐってきて、いささか仕事のコツを知っている。一緒に仕事をするには互いによく知り合うことが大切だ。今日から大臣室のドアは取っ払う」

「何かおかしいことがあれば、上司の許可はいらないから誰でも遠慮なくきてほしい。できることはやる。でも、できないことはやらない。だが、すべての責任は、この田中角栄が負う」

これを耳にして、東大、京大の出身者揃いの超エリート官僚たちは静まり返ったという。

おそらく彼らは、政界の風雲児的として名を馳せる角栄を、裏では土方上がりの地元だけで人気のある田舎者議員と見下していたにちがいない。

しかし己をすべてさらけ出し、「一緒に頑張ろう、オレが責任は取るから」と手を差し伸べてきた姿勢に、一瞬で心を鷲づかみされたのだ。

さらに、就任後の角栄の仕事ぶりにも圧倒される。角栄は官僚らが作成する答弁書を参考にはしたが、国会で答弁に立つ際には、つねに自分の言葉で語ったのである。ときに問題発言があっても、これまでの大臣とは違って、一切、官僚らに責任を転嫁することはなかった。

さらに角栄は、一緒に仕事をする官僚らについては、顔と名前はもちろんのこと、出身校、入省年度、省内経歴からプライベートなことまですべて頭に入れていたという。それだけに、官僚らは角栄の下で手となり足となり、寝食を忘れて働き続けたのだった。

大臣になって数か月もすると、大蔵官僚たちにとって、角栄はもはや「低学歴の田舎者」などではなかった。「我われの真のリーダー」へと変貌していたのである。高学歴の官僚たちを一気に束ねてしまう、すさまじいハートの掴み方であった。

第五章「上司と部下」編

下手をすれば、家族よりも長い時間を過ごすことになる会社関係の人間。
とりわけ上司と部下という関係は、仕事を円滑に進める上で非常に重要だ。
ここが上手くいかないと、何もかもうまくいかなくなるので心して学べ！

角栄の金言

「人の悪口は言わないほうがいい。
言いたければ、便所でひとりで言え。
自分が悪口を言われたなら気にするな」

「上司と部下」にまつわる角栄の教え①

やる気が出る「ツボ」

指示待ち人間の扱い方

指示が来るまで、ひたすらサボっている。そんな社員を見かけたことはないだろうか。

国会議員にも「指示待ち人間」がいる。自分の立場に安穏《あんのん》とし、言われた範囲でしか仕事しない。いわゆるタレント候補と呼ばれる人たちは知名度だけで当選しているケースが多く、もともと政策の勉強などロクにしていないので、所属派閥の幹部の指示に従うばかりとなる。

角栄は、そうした連中に対しても扱いがうまかった。若き日から事業家として身を立てていた角栄は、こんなことを言っている。

「事業の発展のコツは、人間を動かせるか、動かせないかによる」

角栄は、人を使いこなすことの難しさを経験していた。そして政治家になってからも、その時の体験を活かしていった。

「早く大臣になろうと思うな。どうしたら、国が豊かになるか考えろ」

角栄のこの言葉を、一般的な会社員に置き換えると、以下のようになる。

「早く出世しようと思うな。早く給料が上がってほしいと思うな。どうしたら、この会社の収益が上がるかを考えろ」

また、角栄が部下の心理を完全に見抜いている名言もある。

「叱るときは、サシでしろ。褒めるときは、みんなの前で褒めろ」

叱られる姿を同僚に見られたら、恥ずかしいし、かっこ悪いし、つらい。だが、同僚の前で褒められたら、鼻高々で「またがんばって褒められよう」という気になる。こうした部下の心理を、角栄は理解していた。

根性論では生産性も売り上げも上がらない

学生時代に、同級生、先輩、後輩と、馴れ合いながら関係を楽しんできた人は多いに違いない。もし強豪校の体育会で、厳しい練習や上下関係があったとしても、そこで頑張ることがある種の快感になっていたのではないだろうか。

しかし、いったん社会に出るとそうはいかない。仕事という大義が一枚噛んでくると、馴れ合いが通用しないシーンが出てくる。

学生時代のそれとは決定的に違う上下関係が、厳然と存在してくる。嫌いな上司にも従わなければならないし、ダメな部下をしっかり教育しなくてはならないこともある。学生と社会人の決定的な違いだろう。

いわゆる〝ゆとり世代〟は、「馴れ合いの延長で仕事をするからダメだ」……と言われることもある。だが、これはかならずしもこの世代に限った話ではない。いつの時代でも、馴れ合いを仕事に持ち込もうとする人物は存在していた。

逆に、1960～1970年代の高度成長期に「モーレツ社員」と呼ばれる「仕事、命!」の人々がいたが、いまでも似たような人物はいる。

ホストの世界などはわかりやすい。売り上げ至上主義で、50年前と何ひとつ変わらない根性論を乱暴に振りかざしている経営者や店長がいまだにいる。ときには脅したり、暴力をふるったりすることもあるという。

根性があろうがなかろうが、売り上げを出せるホストは出せるし、出せないホストは出せない。もとから持っている才能の問題だ。それを根性論で埋め合わせしようとするのは、かなり無理がある。

売り上げ至上主義は、「愚かな考え方」としか言いようがない。もちろん、売り上げがなければ困ってしまう。**しかしまず「売り上げありき」ではなく、「売り上げを出すためにはどんな方法があるのか」を工夫するのが、洗練された知恵というものではないだろうか。まずは人間関係を円滑に進め、生産性を合理的に高めていくのが、第一である。**

ちょっとしたテクニックを学ぶことで、仕事を円滑に進めることは可能だろう。

立場をわきまえさせる教え

角栄は、部下のやる気が出るツボを教えてくれる。

一人ひとりのモチベーションを高めるための心理テクニックは、まずそれぞれの立ち位置を教えるところからはじまる。

それぞれの立ち位置というものについて、「かごに乗る人、かつぐ人、そのまたわらじをつくる人」と、角栄は言っていた。

これは、人には役割分担があるということ、そして、それぞれそのときの立場をわきまえろ、という意味だろう。

たとえ自分では「かごに乗りたい」と思っていても、状況によっては乗れないこともある。そのときそのときで、「かつぐ人」になったり、「かつぐ人のわらじをつくる人」になったりしてもいいではないか。人事を尽くして天命を待っていれば、いずれ「かごに乗るチャンスはお前にもくる」と角栄は伝えたいわけだ。

「30歳までは他人の釜の飯を食え」とも角栄は言っているが、これは「あせるな、まずは下積みが大事なのだ」という解釈ができる。

部下に対して、急がせたり、あせらせてしまうことは禁物だろう。時間ギリギリまで待ってあげることが重要となる。急がせると、逆効果になる。むしろ慌ててしまって、失敗につながることにもなりかねない。

部下というのは、長い目で見守ってあげることが大事なのだ。

「上司と部下」にまつわる角栄の教え❶

角栄流の人間（部下）の扱い方

×

とにかくモノが
売れればいいという
「売上至上主義」

◎

売り上げを出すには
どんな方法が
あるのかという発想

早く大臣に
なろうと思うな
どうしたら豊かに
なるかを考えろ

↓

早く出世しよう、
給料を上げようと思うな。
どうしたら会社の
収益が上がるのか考えろ。

↓

立場にあった処世術

↓

角栄の金言

**叱るときはサシでしろ。
褒めるときはみんなの前で褒めろ**

「上司と部下」にまつわる角栄の教え❷

角栄が部下だった時代

角栄にもあった修行の時代

角栄は、リーダーとしての評価が高い。

しかし、そんな角栄も、いきなりリーダーになったわけではない。角栄にも下積み時代、人の部下だった時代があるのだ。

高等小学校を卒業したばかりの15歳のとき、角栄は建築会社で働きはじめた。建築会社は工事現場に、角栄を派遣した。

あどけない少年だった角栄は、その現場にいたとび職の男に、こう言われた。

「おい小僧、お茶を持ってこい」

この命令に、角栄はカチンときた。そして、はっきりとこう言い返した。

「俺はお前の小僧じゃない。親会社から監督しに来ているんだ」

とび職の男は、黙ってしまったという。

自分のポジションを15歳の時点で理解していたことも驚異的だが、はっきりと反論したことにも大物の片鱗《へんりん》が見える。

しかし、この角栄のエピソードをマネしてはいけない。自分のポジションを理解し、強気に言えるだけの心理術を身につけてから言うべきだろう。

自分が角栄と同じレベルだと思いこんでいるとしたら、とんでもない勘違いだ。角栄と同じレベルになりたいなら、まずは地道に目の前の仕事をこなしていくしかない。

政治家としての下積み

やがて自分で会社を興し、成功した角栄は、政治の世界に飛び込んでいく。

そこには、いままで以上に厳しい先輩や親分がいた。

自民党時代、角栄は佐藤栄作の部下になる。佐藤は東大から官僚を経て、政治家になった。

戦後日本政治の中心を歩んできた人物だったと言えるだろう。

ちなみに佐藤栄作は現在の総理・安倍晋三の大叔父にあたる。安倍総理のお爺さん（岸信介）の弟が、佐藤栄作ということになる。

角栄は、この佐藤にことあるごとに従った。角栄いわく「奴隷と主人のような関係だった」らしい。基本的に角栄は、佐藤に言われるがままに動いた。腹のなかでいろいろと思いはあるが、いまはひたすら従うことが必要なのだ……と角栄はガマンを重ねた。

佐藤内閣は7年8か月という長期政権を築き、沖縄返還という大仕事を終えた後に総辞職する。このとき、佐藤は角栄に次を任せようと決めていた。

ガマンにガマンを重ね、出番が自分のところに回ってきたことを、角栄が実感した瞬間だった。のちに角栄は「佐藤首相はイヤな男だった」と、部下だった当時に言えなかった本音を吐露している。

しかし、佐藤について、角栄は同情的な視点も持っていた。それは佐藤の上司とも言える吉田茂に関しての感想からうかがえる。

「吉田さんは、佐藤さんより池田さんのほうをかわいがっていた。人間は自分より美男子では

ない、頭の悪いほうがかわいい。佐藤さんと一緒に写真を撮ると見劣りする。煙たいわけであります」

話に出てくる池田さんというのは、池田勇人《はやと》のことだ。「貧乏人は麦を食え」と言い、高度経済成長に火をつけた男である。確かに若き日の画像では、池田勇人より佐藤栄作のほうが男前に見える。

「劣等感」をめぐる上司と部下の関係

角栄の言葉を、アレンジして再掲してみよう。

「人間は自分より美男子ではなく、頭の悪い部下がかわいい」

この言葉は、人間が劣等感をベースに生きていることを喝破《かっぱ》している。吉田茂が、美男子の佐藤栄作をイマイチかわいいと思わなかったのは、自身の容姿への劣等感からきていた。

劣等感が何もない人間はいない。もし「自分には劣等感がない」と言い張る人がいるなら、かなり病んでいる。一度、精神科を受診したほうがいいだろう。自分自身と正直に向き合ってみれば、かならず劣等感に突き当たる。

「誇大妄想」という言葉もある。また、精神医学では「自己愛性パーソナリティ障害」という定義がある。簡単に言うと「自分が好きで好きでたまらない」ということになる。「ナルシシスト」とほぼ同義と言っていい。自分を客観視できず、根拠なく自信満々な人物のことだ。

東大出だろうと大金持ちだろうと、最強の権力者だろうと、間違いなく何らかの劣等感を抱えている。吉田のそうした劣等感を、角栄はあけすけに指摘した。

一般的なビジネスマンや学生が職場や友人関係でうまくやりたいと思うなら、まず自分の劣等感を直視することからはじめよう。そして、他の人の劣等感はどうなんだろう……とよく観察することが必要になってくる。

他の人の劣等感に気づいたら、会話していても決して「地雷」を踏まないようにすることだ。誰にでも、そこだけは触れてほしくないという部分がある。最低限、それを理解しておけば、人間関係やコミュニケーションが最悪の状態になることだけは避けられる。

部下の立場のときはできる限りガマンをして、上司の立場になったら自分の劣等感はなるべく抑制する。そして部下の劣等感にも気を遣ってあげることが、最良のコミュニケーションとなるのだ。

「上司と部下」にまつわる角栄の教え❷

角栄流の目上の人（上司）への対応

人間は自分より美男子ではなく
頭の悪い部下がかわいいものだ
（吉田茂は一緒に写真に写ると見劣りする
佐藤栄作より池田勇人をかわいがった）

自分の劣等感（学歴ナシ）を直視し
他人の劣等感を観察していた

↓ ↓ ↓

上司の地雷（劣等感）を踏まず
自分の劣等感をさらすことで
円滑なコミュニケーションが図れる

「上司と部下」にまつわる角栄の教え❸
コミュニケーション能力の査定

大切なのはコミュニケーション能力

「心理の駆け引きがわからなければ、どんな人間関係もうまくいかない」

角栄は、そう言っている。圧倒的な権力があったから多くの人がなびいた側面もあるが、コミュ力でも角栄は傑出していた。「もともと虫が好かないと思っていた人も、一度角栄に会って話をしたら、間違いなく好きになってしまうだろう」と、誰からも言われていた。

人間関係が希薄になった昨今は、「コミュニケーション能力（コミュ力）」について、各方面、さまざまな場面で話題になる。

コミュ力の有無があらゆる人間関係に影響を及ぼすというのは事実だろう。仕事において専門的技能を持っていたとしても、それを活かしていくための最低限のコミュ力がないと、社会から恩恵を受けることはできない。

「研究職はデータなどの結果さえ出せばいいではないか」という声もあるし、プログラマーは「スキのない整ったコードを書けばいい」という考え方もある。しかし、コミュ力がなければその能力を会社や世間に反映させることはできないし、より多くの報酬を手にすることもできないだろう。

逆に、自分にはコミュ力があると過信している人物もダメだ。口先だけで世のなかを渡り歩いているお調子者は、本音の部分では他人や仕事をナメている傾向がある。口先ばかりで言い訳がうまく、責任回避ばかりにたけている人物を「コミュ力がある」とは言わない。

そういう人物はすぐに正体を見透かされて、決して高い評価は受けない。

経団連の２０１５（平成27）年度の企業調査で、「選考時に重視する要素」の1位はダントツで「コミュニケーション能力」となっている。企業側はなによりもコミュ力のある人材を欲しているのだ。

ちなみに2位以下は、「主体性」「チャレンジ精神」「協調性」「誠実性」と続く。誠実性が5

位なのは少々不安な印象がなくはない。社内で不誠実な人間は、世間に対しても不誠実なことをやりかねないので、会社のイメージをおとしめる悪事をしてしまうケースもあり得る。

企業がコミュ力を重視しているのは、研修などの実務教育がうまくいくという側面も大きいだろう。人の話を素直に聞いて、自分の意見をしっかりと主張できる。その基本ができていれば、いくらでも教育で修正はきく。

コミュニケーションというのは基本的にお互いの考えや気持ちのやりとりであり、相手が何を求めているか、こちらは何を応じればいいか……ということを統合的かつ細やかに把握していく試みのことだ。

「理解」と「意思伝達」がしっかりできて、相手を不安、不快にさせずスムーズに進めていくテクニック……と言ってもいい。

来る者は拒まず

日本の企業では人事担当者の能力がイマイチなのに、権力は持っている……というケースがある。おのずと人の配置が適材適所にならず、向いていない仕事をやらされることになり、モチベーションが下がって生産性が上がらない。そこで会社側が「本人の能力の問題」だと突き放してしまう。さらには、「やる気のないやつは去れ」とまで言い出す。ムチャな話だ。**まずはやる気にさせる配置をしなければいけないのに、これではトンチンカンな対応と言われても仕方ない。**

入社時においての判断も、経営者側は重い責任があることを自覚しておくべきだろう。面接でやる気のある人物を不採用にして、実はやる気のない人物を採用してしまったとすれば、経営者側、人事側として結果責任を感じるのがスジというものだ。

角栄は、人を査定するセンスにたけていた。相手が何を考えているかを見抜く。

角栄の下には、さまざまなやる気マンが集まっていた。もちろん、それは大まかに分けて二種類の人間がいた。私利私欲のためにやる気を出している者と、国民のためにやる気を出している者だ。是非・正邪は別にして、もともとやる気がない政治家に存在意義はない。

来る者は拒まずの姿勢で、角栄はみずからの派閥に多くの政治家を誘い、受け入れてきた。裏切っていく者も少なくなかったが、「数はチカラ」の実践は、各人物の心理を把握していたからこそできたことだった。

自信満々の仕切り

「私がもっとも大切にしているのは、何よりも人との接し方だ。戦術や戦略じゃない。会って話をしていて安心感があるとか、自分のためになるとか、そういうことが、人と人とを結びつけるんだ」

また、郵政大臣時代には、全逓信《ぜんていしん》労働組合（現・日本郵政グループ労働組合）の組合員相手に、このように言っている。

「キミたちの意見を1時間聞こう！　そしたら俺も1時間言う!!」

対立相手にさえフェアな姿勢を示して一目置かれた角栄が、部下からも信頼を受けたのは当然のことだろう。

「我々の軍団は自民党の中核だ。総理大臣は機関にしかすぎない。そうだろ。君たち」

角栄は派閥の会合で、こう強く言い切って、多くのメンバーをうなずかせた。「一枚岩の田中軍団」と言われたゆえんである。しかしこうした発言は、角栄が「闇将軍」と呼ばれる理由にもなったのだった。

「上司と部下」にまつわる角栄の教え❸

企業が求める本当の「コミュ力」

「理解」と「意思伝達」ができ
相手を不安・不快にさせない

口先ばかりがうまいお調子者
責任回避に長けている卑怯者

何より人との接し方を
大切にしていた角栄は
コミュニケーションの
プロだった

↓

対立相手にさえフェアな姿勢を示し
誰からも信頼を勝ち取った

「上司と部下」にまつわる角栄の教え④

エリート相手の心理術

相手の優れた部分を素直に認める

平均的なビジネスマンとしては、明らかに自分より優秀だと感じる上司、同僚、部下に対して、どのように接するべきだろうか。

上司や同僚はまだしも、部下の場合はなかなか難しいだろう。

日本は韓国ほどではないが、儒教的な考えがいまも残っている。論語には「弟子《ていし》入りては則《すなわ》ち孝《こう》、出《い》でては則ち悌《てい》」という一節がある。これは、「家では父母を愛し、表に出れば目上のものに従いなさい」という意味だ。

要するに、親や年長者を敬えということになる。

しかし、目下の者のほうがそうした態度に出てくれるとも限らない。また、先輩がこうした儒教的な上下関係を持ち出して後輩を扱うと、ややこしいことにもなる。

体育会での上下関係は絶対と言われる。確かに格闘技や野球の世界では根強くそうした考えが残っているが、サッカーは校風によってかなり違う。先輩を〝君づけ〟で呼ぶのも当たり前だし、試合中に後輩が先輩に指示を飛ばすことも珍しくない。

こうしたフラットな考え方が身についていれば、能力ある後輩に対して自然な敬意を持って接することもできるだろう。

まずは角栄のように、「相手のすぐれた部分を素直に認める」ことが第一だ。相手の能力に少しでも反感や嫉妬があると職務上の支障が生じ、何事も円滑に進展しない。まずは、相手に敬意を持って折り合っていくべきだろう。

角栄が部下の官僚たちを使いこなしたことは有名だが、そこには素直な敬意が働いていたからだ。「年下で部下のくせにナマイキだ」などと思ってしまっては、うまく使いこなすことはできない。普段、態度に出さないからいいというものでもない。

思っているだけでも、局面局面で本音が出てしまうのが人間だ。

プライドが高いだけでなく、実際に能力を持っているキャリア官僚たちに対して安易なゴマカシはきかない。

官僚にも〝実弾〟を使う

逆に、軽々しく馴れ合おうとしても、慇懃《いんぎん》無礼《ぶれい》な印象しか残らないだろう。真っ当な評価をして敬意を持ち、気負わずに素直な人間同士のコミュニケーションをしていくしかない。

角栄について、秘書だった早坂茂三は、このように記している。

「日本官僚制の構造、ルール、役人のメンタリティをすべて理解し、それに一切手を触れず、逆にそれを活用することによって、役人を自由自在に動かした」

角栄は、「課長、課長補佐クラスに目をかけろ」と言っていた。若すぎる官僚は素直だが経験不足だし、部長以上級になるとそれなりに頑固さも出てくる。その中間にいる層を狙って手なずけろ、ということだろう。

組織全体を動かすためには、どの歯車に力点を置くのが効果的なのか、角栄はそれをよくわかっていたのである。

だがその一方、角栄は官僚全般に対しての扱いも気配りに満ちていた。個人的なボーナスとして、盆暮れには官僚に贈り物をした。局長クラスには15万円以上するスーツの仕立て券を送っていたという話もある。

また、特殊法人を作ることに協力し、天下り先を確保してあげるようなこともしていた。これは日本ならではの官僚事情がある。全員が最後まで省庁に残るということはなく、定年前に天下っていくということが当たり前になっているからだ。

アメリカでは大統領が変わるたびに、1000人規模で官僚の入れ替えがある。リーダーに応じた組織を作り上げるため、総取っ替えをしてしまうのだ。そちらの体制のほうがいいという意見もあるが、日本で実現することは難しいだろう。大統領制と議院内閣制の違いだけでなく、明治以来がっちりと作り上げられてきた官僚制度だからだ。その是非はともかく、安定的で強固な組織であることだけは間違いない。

いまも昔も、公務員は特権があって恵まれすぎている、と何かと問題視される。しかし、角栄はまず官僚を利用しないと国政が動かないことを知っていたため、アメを与えることに躊躇《ちゅうちょ》しなかった。

思いを実現するために

角栄が官僚の気持ちをうまくとらえていたことは、角栄没後に語られた関係者たちの弁にも現れている。

「毀誉褒貶《きよほうへん》の多い角栄先生であるが、私にとっては常に温かく、ダミ声で親しく接してくださった」（元大蔵省財務官・稲村光一）

「心底からの真実の訴えを常に自分の胸で受けとめ、自ら考え、自ら実行に移された。信義に厚く、信義に生きた政治家であった」（元自治事務次官・降矢敬義）

「豊臣秀吉という人は、正に先生のような人であったのではないかと思っています。近代日本が生んだ他に類を見ない人柄の方でした」（元大蔵省財務参事官・片桐良雄）

最後の弁は、多少アイロニカルな印象がなくもないが、総じて角栄を評価していたことが伝わってくる。

まあ角栄はおそらく、「自分が死後どのような評価をされようと、政策実現のためにやることをやっただけだ」と言うに違いない。

「上司と部下」にまつわる角栄の教え❹

角栄流の年下の部下への対応法

× **年下の部下のくせに生意気だ**

◎ **相手の優れた部分を素直に認める**

リスペクトの精神を持っていないと優秀な人間（官僚）に見抜かれる

↓

組織を自在に動かすために

課長や
課長補佐クラスの
中堅どころに
目をかけろ

- **若　手………経験不足**
- **部長以上……頑固で動かない**
- **局長クラス…実弾（スーツ仕立券）
天下り先確保**

「上司と部下」にまつわる角栄の教え⑤

盛者必衰の理《ことわり》

人の能力を見抜く目

角栄はうまく官僚を使った一方、欠けている部分に対しては手厳しい批判をしている。

「田んぼに入ったことのない役人に、コメのことがわかるわけがない」

「役人は権威はあるが、情熱はない」

情熱という言葉には、角栄らしさがあらわれている。角栄は政策実現に向け、常時エネルギッシュに動いた。

角栄は心のなかで、官僚それぞれの能力差も見抜いていた。使える人物とそれほどでもない人物をしっかりと査定していたのである。みな東大出で優秀なのは間違いなかったが、そのなかにも序列がある。

これは官僚トップである次官級にまでなれる人物と、途中で早々と省内の出世競争に背を向け天下っていく人物が混ざっていることを意味している。

優秀な官僚のなかにおいても、さらに秀でた人物がいることを、角栄はその鋭い眼光で査定していたのである。

リアルポリティクスを理解、受容しつつ、より良いこと、正しいことを成し遂げるための情熱がある人物か否か。角栄は常にそうした尺度で人を見てきたに違いない。

カミソリ後藤田と角栄

警察官僚トップから政治家に転じ、官房長官など要職を務めた後藤田正晴は、角栄の没後にこう言っている。

「政治家のなかで田中先生ぐらい即座の判断、そして然諾《ぜんだく》の的確なお方はなかったと思う。いい加減な応答の多い政治家のなかで、田中先生ほど決断が早く見通しの確かなこと、たくましい実行力のお方は他に比類がありませんでした。田中先生が多くの官僚から頼られ、畏敬され

たのは、こうした理由に依ることだと思う」

然諾とは「引き受ける」ということ。陳情されたり要望が出たりした場合に、先の見通しを誤らずに引き受けていた、と後藤田は回顧しているわけだ。

この後藤田は警察庁長官という官僚のトップに上り詰めた後、政治家になった。官僚のトップになってから政治家に転ずることはあまりない。官僚トップになるのはだいたい50代半ば過ぎであり、それから政治家になろうとする気にはあまりならないだろう。官僚の激務から解放されたい心情のほうが強い。そのため、もっと若い時期に官僚をやめて立候補する人物がほとんどである。

後藤田が初当選したのは、62歳のときだった。

本人にはそれほど政治家志向があったわけではなかったが、角栄が「この男は……」と見込んで政界へ引っ張り込んだのである。

「カミソリ後藤田」の異名を持ち、警察官僚時代には新左翼過激派のテロリズムと対峙した。連合赤軍が起こした「浅間山荘事件」のとき、警察庁長官だった。当時の新左翼過激派は警察官に対しても牙を剝き、何人もが犠牲になっている。後藤田は警護をつけるように言われても、断っていたという。

まるで劇画にでもなりそうな人物だが、実際は穏やかな笑顔を浮かべる平和主義者だった。中曽根内閣時代のペルシャ湾掃海艇派遣の際にも、強く反対をしたことで知られている。後藤田は、「普段穏やかでも言うべきところは言う」という、角栄と同じ感覚を持っていた。だからこそ、角栄が見込んだのだろう。

ただの子飼いにする目的ではなく、大局的な観点から有能だと認めた人物を、すぐに重用したところに角栄らしさが出ている。

竹下「創政会」旗揚げと角栄の脳梗塞

1985（昭和60）年、子分だった竹下登と金丸信が、田中派内のメンバーを集めて「創政会」を立ち上げた。闇将軍と呼ばれた親分、角栄に対する実質的なクーデターだった。

最大派閥であったにもかかわらず、しばらく田中派から総理が出ていないことや、角栄が生え抜きよりも外様の後藤田などを重用したことに対する不満が背景にあった。

また世間、とくに都市部では「もう裏で操る闇将軍とかやめてよ。角栄とかいらん」という空気も広がっていた。

平家物語の「盛者必衰の理」を地でいくような展開だった。部下から信頼され、尊敬されていたはずの角栄は、一瞬にして「数のチカラ」を失った。

創政会旗揚げから20日後、角栄は脳梗塞で倒れる。そして、実質的に政治活動ができない健康状態となった。高血圧、糖尿病などの影響もあっただろうが、部下の裏切りという強烈なストレスを抱え込んだことが体に大きく影響したのは間違いない。

この脳梗塞は、角栄が誰よりも繊細な感受性の持ち主であったことを証明したと言えるのではなかろうか。ストレス耐性がもっと強ければ、角栄の脳梗塞はなかったようにも思える。

角栄が使った数多くの心理テクニックは応用できるが、ストレスを知らず知らず溜め込んでしまう部分だけは、我々が学んではいけないところだろう。ただし、芯の強さと同時に繊細な感受性があったからこそ、角栄は人を動かすことができた。

繊細な感受性とストレス耐性の強さを両立することはなかなか難しい。どこかで鈍感にならないと生きてはいけない。妥協点・落としどころをしっかり見極めて、心理術を身に着けていくことが望ましいのである。

「上司と部下」にまつわる角栄の教え⑤

後藤田正晴による田中角栄評

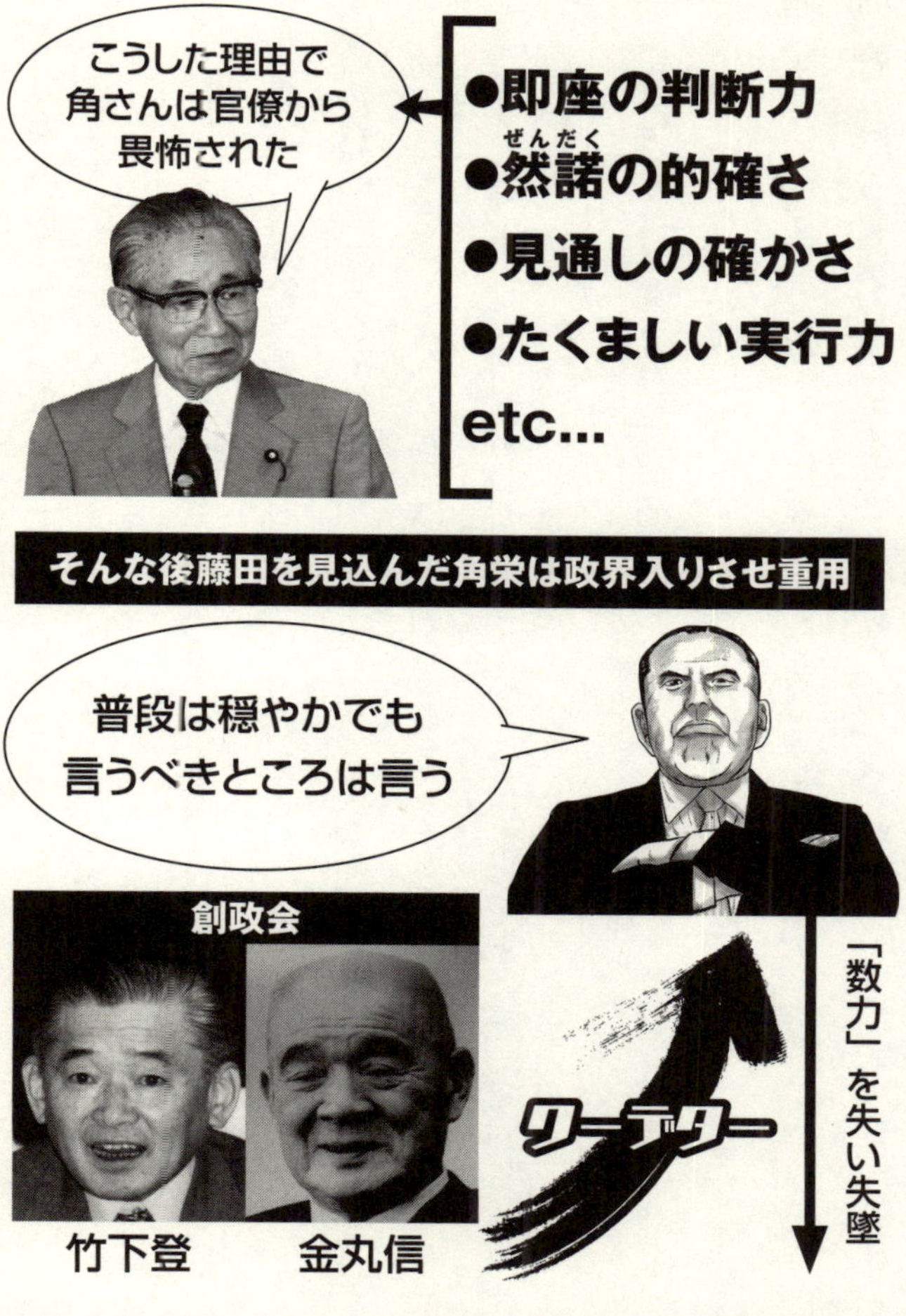
こうした理由で
角さんは官僚から
畏怖された
●即座の判断力
●然諾《ぜんだく》の的確さ
●見通しの確かさ
●たくましい実行力
etc...
そんな後藤田を見込んだ角栄は政界入りさせ重用
普段は穏やかでも
言うべきところは言う
創政会
竹下登
金丸信
クーデター
「数力」を失い失墜

コラム❺ 人の悪口は言わないほうがいい

いったん頭に血が上れば、ときには手当たり次第に物を投げつけるほどの怒り様だったとされる角栄だが、誰か特定の個人を名指しで批判したという事例は見つからない。

それは、角栄が自身の信条として仲間を増やすことよりも、敵を作らないことを徹底させていたからとされる。角栄は「1人への悪口は10人の敵を作る」とも言っており、政敵をユーモアたっぷりに茶化すことや、ジョーク混じりにからかうことはあっても、悪しざまにこき下ろすようなマネはけっしてしなかった。

そのため、角栄はこんな言葉を残している。

「人の悪口は言わないほうがいい。どうしても我慢できないなら便所でひとりで言え。悪口を言えば敵を作ることになる。そして、人に悪口を言われても気にするな」

「口は災いの元」という言葉の持つ怖さを、政治家たちはよく知っている。わずかな失言で党から謹慎処分や、さらには党の役職から下ろされたりすることもあるのだ。

政治家としての発言は、政治生命の存亡と直結していると言っても過言ではない。だからこそ、角栄は悪口を慎んだのである。

また一方で、角栄ほど数多くの悪口を言われた政治家はいないとされる。とりわけ「ロッキード事件」以降、メディアからは、その外交や政治の手腕をはじめ、政財界での交友関係、家族などプライベート、果てはゴルフのスコアに至るまで、あらゆる面が激しいバッシングの対象とされた。

だが、角栄はこれらのバッシングに対して、ひと言も言い返すことはしなかった。周囲が見かねて、「何か反論したり、法的措置を取られたほうがよいのでは？」と進言しても、「悪口が言いたい奴には言わせておけ。マスコミも野党もしっかりと働いている証拠だ」と、まったく意に介さなかったという。

1985（昭和60）年、自身の後継者として期待をかけて育ててきた竹下登が、金丸信らと創政会を立ち上げて袂を分かったとき、角栄は怒髪天をつくほど激昂したとされるが、やはりそこでも苦言を呈することはなかった。

終生、この信条は守り抜いたのである。

第六章「家族と友人」編

家族や友人は、誰にでもかけがえのない存在。愛する者がいるからこそ頑張れる。仕事を理由に彼らを犠牲にしては、やがて仕事にも見放されてしまう。何よりも家族や友人を大切にしてきた角栄に、愛をパワーに変える秘訣を学ぶ!!

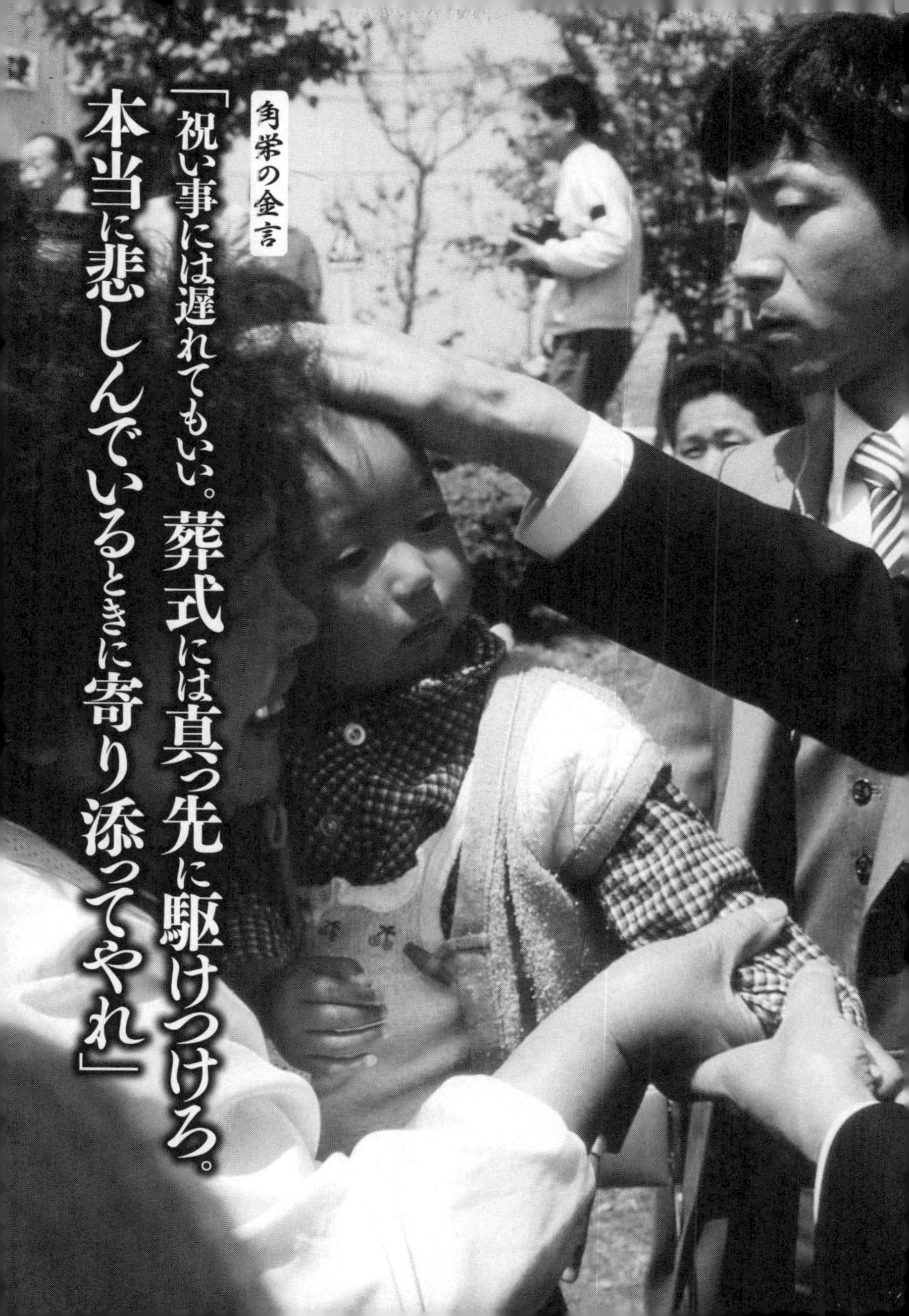

角栄の金言

「祝い事には遅れてもいい。葬式には真っ先に駆けつけろ。本当に悲しんでいるときに寄り添ってやれ」

「家族と友人」にまつわる角栄の教え❶

両親と家庭環境が与えた影響

物ごとを俯瞰して見ることの大切さを学ぶ

死後、ほぼ4半世紀が過ぎても、いまだ根強い人気を保つ田中角栄という人物。自分の思い描いた政策を実現するために、あらゆる心理術を駆使していたという意味で、彼は天才的な政治家だった。

もちろん、それが正しい政治だったか間違っていた政治だったか、というのは別の話になる。角栄の政策によって幸福になった人は、多数派なのか少数派なのか。その客観的データを数値化して示すことができる時代になったら、角栄という政治家の功罪は改めて評価されるだろう。

そんな角栄は、果たしてどのような父母のもとに生まれ、どのような家庭環境で、どのような育てられ方をしたのか。

角栄の父親の名は角次。新潟県刈羽郡二田村（現在の柏崎市。旧西山町）で農業を営んでいた。家は代々農業で、400年以上続いていたらしい。江戸時代以前から続いてきた名門農家と言っていいだろう。しかし、父親の角次は農業に限らず、幅広く収益をあげようと取り組んだ。各地を歩き、牛馬の売買にも積極的だった。

これは、息子の角栄が政治について、こう言っていることと共通している。

「政治をやりたいなら、鳥になれ」

政治と家計の違いはあるが、「俯瞰すること」の大切さを、角栄の父もわかっていた。

角次が農業を軽んじていたわけではないだろう。農業の傍ら、角次は人と会ってコミュニケーションをとって、牛馬の売買で利益をあげることに面白さを見出していたに違いない。

しかし、それが度を過ぎて、バクチ的な事業展開に取り組んでしまう。

父の失敗・地道な母

北海道に牧場を持とうと夢見た角次は、まずは輸入牛（ホルスタイン）3頭を、全財産をはたいたばかりか、借金までして購入する。

ところが、オランダから到着したホルスタインは、ほどなくして死んでしまった。角次の夢は行き詰まる。

田中家の経済的苦境はこうしてはじまった。まだ幼かった角栄は、酒を痛飲する父の姿を覚えているという。

角栄の母フメは、そんな角次の姿を横目で見つつも、地道な農作業に取り組んでいた。愚痴を言わず黙々と作業をしつつ、家事もこなす。明治、大正期では当たり前の、地味だがたくましさのある我慢強い女性だった。

ある日、角栄が父親、角次の財布からこっそりカネを抜き取り、ミカンを買った。そして近所近隣の子供たちに配って歩いた。後年の政治活動を彷彿《ほうふつ》とさせるバラマキだが、この事実はほどなくして露見してしまう。

しかし角次は、角栄を叱らなかった。「どうせうちの跡継ぎになるんだから、かまわん」と言って、唯一の男の子だった角栄を許した。

ところが、母のフメは違った。

「二度とあんなことをしてはいけない。またやったら、おまえと一緒に越後線の線路に飛び込むからね」

そしてフメは、成長して自立を目指した角栄に対しても、こう言ってクギを刺したという。

「大酒を飲むな、馬を持つな、ホラを吹くな」

しかし後に、角栄はこの母の戒めを振り返ってこう言っている。

「酒も飲むし、親父の代から馬も持ってる。政治家だから多少ホラも吹く。人間、一生働き続けるもんじゃない。だが、働いてから休むか、休んでから働くか。僕は前者を取るね」

姉妹に囲まれて身についた繊細さ

角栄は政治を父母に例えて話すこともよくあった。

「評判が悪くても自民党がやっているのはなぜか？　酒癖が悪くても働き者の亭主を替えないおっかさんの気持ちだね」

「非武装中立ではダメだ。家に泥棒が入ったらどうする？　父ちゃん（日本）は家を守れ。母ちゃん（アメリカ）が実家に帰っちゃうぞ」

田中家は、角栄がただひとりの男の子だった。姉2人、妹4人。母も含めると7人の女に囲まれて、角栄は育った。

不思議なことに、なぜか女性ばかりが生まれる家系と、男ばかりが生まれる家系がある。

そう言えば、十数年前、日本の懸案事項としてメディアに取り上げられた一件があった。男子のみを天皇とする決まりの皇族に、男子がずっと生まれなかったことだ。

しかしその矢先、2006（平成18）年に秋篠宮家《あきしののみやけ》に男子（悠仁親王《ひさひとしんのう》）が誕生し、天皇家を気遣う国民の間に安堵感が広がった。女子に囲まれた悠仁親王も、角栄と似たような立場ということになる。

角栄が母と姉妹に囲まれて、鋭敏な感受性を身につけていったことは想像に足る。

各方面に目端が利く角栄の細やかな感性は、母、姉、妹の女系から影響されたと考えるのが自然だろう。

父親から「勝負に出る勇気と山っ気」を受け継ぎ、母・姉妹から「優しさと共感力」を学んでいったのではなかろうか。「勇気・やさしさ・共感力」という三要素は、心理術を駆使する上で、大きな役割を果たす。

「家族と友人」にまつわる角栄の教え❶

国士・田中角栄を育んだ「両親」と「家庭環境」

父 → **「政治をやりたいなら鳥になれ」**
↓
物ごとを俯瞰することの大切さ

母 → **「大酒を飲むな、馬を持つな、ホラを吹くな」**

姉妹 → **母と姉妹に囲まれしっかりと身につけた豊かな感受性**

「勇気」「やさしさ」「共感力」を吸収

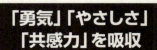

「家族と友人」にまつわる角栄の教え❷

正妻との距離感

角栄を支えた正妻、はなという女性

角栄には複数の愛人がいて、隠し子もあちこちにいた。角栄は「英雄、色を好む」を地で行くような男だったわけだが、それが可能だったのは、ベースとして正妻、はなが家を守ってくれていたからだろう。はなは離婚歴のある女性で、角栄と知り合ったのは東京だった。戦時中、飯田町（現在の飯田橋）に、角栄が建築事務所を借りたところが、はなの実家だったのである。

結婚するとき、はなは角栄に三つの誓いを立てさせた。

「出て行けと言わぬこと、足蹴にしないこと、将来あなたが二重橋を渡ることがあったら同伴すること」

はなの芯の強さがここに出ている。自己防衛と同時に、お互い前向きに歩んでいこうというオチをつけているのが上手い。

1944（昭和19）年、はなとの間に長女、眞紀子が生まれる。

やがて終戦を迎え、焼け跡となった日本が新たな歩みをはじめた。同時に、角栄もここぞとばかりに政界へ一歩を踏み出す。

角栄は妻、はなが家を守ってくれていることをこう述べている。

「他の人の奥さんと比べたら、10分の1も外には出ません。それだけ忙しい。1日、30組ぐらいのお客がある。ですから、台所に入ったきりです。家を治めていくことは難しいですからね。妻は我が家の金庫だ」

もともと体質がそれほど強くなかったはなだが、角栄を最後まで支えた。角栄があちこちに愛人をつくっていたことも承知の上だった。ただ、これは大義のために仕えたというような美談ではなく、はな本人のメンタルの強さがあったからに他ならない。

娘、眞紀子の強さは、角栄からの遺伝子だけではなく、はなからの遺伝子にも支えられているのではなかろうか。

妻への扱いで男の度量がわかる

複数の愛人を抱えて政治家としても権力者としてもトップに立ち、歴史に名を残したのが田中角栄という男だった。

平均的な男としてはそんな角栄に、どのような感想を持つだろうか。おそらく嫉妬心よりも、すごすぎる巨人に対するあこがれのほうが強いにちがいない。だからこそ近年、昭和のリバイバルとともに、角栄ブームが起きている。

「自分も角栄のようになりたい」

つい、そう思ってしまう男は多いだろう。しかし、凡人が角栄のマネをすると、痛い目に遭うことは必至だ。実際に同じようなことをやってしまったら、仕事も家庭もすべてが泥沼になってしまうことだろう。

稀有な存在の角栄と自分が同じだと思ったら、大きな間違いなのである。

角栄は単なる強気だけで仕事を成し遂げたわけではない。強気になるところでは強気になっていたが、引くところでは相手がポカンとするようなタイミングで引いていた。

その絶妙な呼吸は、凡夫にマネのできるものではない。

もちろん、角栄は乱暴な発言もしている。いまなら確実に失言として糾弾され、全メディアが大騒ぎになるようなことも平気で言っていた。

「4人の女を相手にするときは、一人にカネをやり、一人にハンドバッグをやり、一人に着物を買ってやり、残りの一人をぶん殴ればすんだが……」

これは当時の日本社会党（後に消滅）、共産党、民社党（後に新進党の結成に伴い解散）、公明党の野党四党が審議拒否に及んだことに応じて、角栄が漏らした言葉だ。

しかし、昭和の時代はこうした発言が過度に問題視されるような空気はなかった。平成のいまの世だったら、けっしてこんなことは言わなかっただろう。その時代時代の空気のなかで、許容される言葉を選ぶ能力があったのが、角栄だった。

あくまで推測だが、角栄は正妻、はなに対して、きわめて繊細な配慮をしていたのではないだろうか。だからこそ、妻、はなは破天荒で豪放磊落《ごうほうらいらく》な角栄についてきてくれたのだろう。多少のＤＶはあったのかもしれないが、トータルではマイナスよりもプラスになる配慮がしっかりと機能していた。

家を守る妻と、外で仕事をする夫。古き良き（？）時代のステロタイプは、大正生まれの角栄夫婦に当てはまる。

角栄はこうした夫婦関係を築きつつ、「女房にも秘密を漏らすな」と言っている。

昨今は口の軽いチャラ男があちこちで見受けられる。ペラペラしゃべってしまっても許されるというのは、伝統的な男性の沈黙の美徳が失われつつあるからかもしれない。もっとも身近な妻に、職務上の秘密をバラしたくなっても、言わない。そのストイックさが、昨今の一般男性にあるだろうか。

角栄はその線引きをはっきりと打ち出していた。その一方で、妻に配慮をはたらかせていた。もし、そうした「幅」を持つことができた……という自覚、自信があるのなら、角栄のような大物の領域に少しは近づけていると思っていいかもしれない。

逆に、妻の立場から言うと、角栄レベルにまで達していない夫に、正妻、はなのごとく耐えて尽くす必要はない。自分が大物だと勘違いして調子に乗っている旦那には、さっさと三行り半を突きつけたほうがいい。

耐えることを美徳とする大和撫子は、すでに過去のものだ。

「家族と友人」にまつわる角栄の教え❷

角栄の女たち

複数の愛人を抱えながらも
権力者としてトップに立った角栄

↓

それぞれの女たちに角栄ならではの
気配りや配慮があった

正妻
愛人
辻和子
2男1女
はな
連れ子2人
長女 真紀子
愛人
佐藤昭子
1女

「家族と友人」にまつわる角栄の教え❸

友情と職務の関係

親分を裏切ることもいとわないのが権力闘争

仕事仲間は、友人なのか否か？

なかば友達同士の馴れ合いでやって、仕事を楽しみながらやる……というのもひとつのスタイルかもしれないが、度が過ぎると職務がなかなか進捗《しんちょく》しないこともある。

仕事を楽しむこと自体はよいことだし、中長期的には生産性も上がるだろう。だが、どこかで線引きをして禁欲的にならなければならない瞬間がある。

「友情は友情、仕事は仕事。君は福田に投票しなさい」

総裁選のとき、角栄はある議員にこう言った。仕事に徹せよ、だが、仲が悪くならんようにしよう、というメッセージだろう。

「角福戦争」とも称され、最大のライバルと言われた福田赳夫とも感情的な対立があったわけではない。角栄と福田は、お互いに認めあって尊重していた。

むしろ、派内派閥「創政会」をつくって角栄に対するクーデターを企てた竹下登に対して、角栄は激怒した。全幅《ぜんぷく》の信頼をおいていた子分にまさかの反逆されたことが、何より角栄の怒りに火をつけた。竹下が角栄から完全な合意をもらわずに動いたのは、派閥の長に対してあまりにも礼を失していた。

田中軍団は一枚岩だと言われていたが、単に権力へ近づくための手段として割り切って派閥へ参加していたメンバーもいたということだろう。

それを政治家として当然だと考えるべきか、それとも人情としてどうなのかと考えるべきか。親分を裏切ることもいとわないのが権力闘争だ、と言ってしまえばそれまでになる。

17世紀のドイツ、バロック時代の詩人、ローガウは、「酒が作り出した友情は、酒のように一晩しかもたない」と言っているが、これを置き換えると「権力闘争が作り出した友情は、権力闘争によって裏切られる」ということになるだろう。

角栄はかつて**「無理に味方をつくるな」**とも言っていたが、竹下・金丸の裏切りに対抗するために、猛烈な切り崩し工作を行った。

自らが作り上げてきた派閥の非常事態となったため、自分の言に反し〝無理に味方をつくろうとした〟のである。しかし、大半は次代の竹下を担ぐ創政会に流れ、角栄は完全に派閥を乗っ取られるという結果になった。

便乗型政治家と主体性

権力を取るためには非情にならねばならぬのが政治の世界で、裏切りや水面下の工作は当たり前のように行われる。

また、大物の角栄にくっついていればそのうち恩恵があるだろうと考えるのも、政治家としては自然な選択となる。「面従腹背《めんじゅうふくはい》」は、政治や出世競争の世界では珍しくない。

田中軍団のメンバーたちの誰もが、誠実に自分の役割を果たしていたかどうかも疑問である。派閥が大人数になりすぎて、逆に「リンゲルマン効果」が働いて、サボっている人物もけっこういたのではなかろうか。

リンゲルマン効果とは、「社会的手抜き」「フリーライダー（タダ乗り）」という言葉で解説される。フランスで農業技術を研究していた農学者、マクシミリアン・リンゲルマンが指摘した説で、綱引きを大人数でやると、個々人でやるよりもそれぞれが本来のチカラを発揮しなくなるという。

こうしたフリーライダーたちが、次の権力を目当てにして、角栄に背を向けたというのが創政会旗揚げだった、ということが言えるかもしれない。主体性に欠けた無思想の便乗型政治家は、いまでもあちこちに見受けられる。選挙民一人ひとりが、自分たちの選挙区における人物をしっかり査定してほしいものだ。

いずれにせよ、少々強引なやり方で派内派閥を起こそうとした竹下・金丸の創政会旗揚げは、権力闘争のドス黒さを実証した結果になった。また、角栄自身の老化の影響もあったかもしれない。一人ひとりに目が行き届かなくなった結果が、クーデター勃発だった。

角栄としてはダチョウ倶楽部の上島竜兵さながらに「聞いてないよ〜！」という印象だったにちがいない。ただ、角栄の場合はギャグではなく、脳梗塞を発症してしまうほどの深刻なショックだった。

党内政党という奇妙な構造

自民党の派閥というのはユニークな存在で、党内政党のような役割を果たしていたと指摘する論者もいる。

日本は自民党の単独支配が続いていたが、実質的に「保守政党同士による政権交代」を擬似的に繰り返していたのではないか……という説である。自民党内の各派閥が、「疑似政党」として機能していたということだ。

党是として掲げられている「自主的な憲法改廃」にも積極的なグループとそうでないグループがいて、自民党という大政党は不思議なバランスが保たれていた。

「人間は誰しもできそこないだ。しかし、政治家はそのできそこないの人間を愛せなければつとまらない。ここに政治の原点もあるんだ」

角栄はこの言葉通りに懐の深い姿勢で、幅広く人を受け入れた。そして派閥は巨大化していったわけだが、角栄自身の道徳観や人間性重視の姿勢が派内メンバー全員に理解できていたかどうかは、はなはだ疑問である。

「家族と友人」にまつわる角栄の教え❸

「リンゲルマン効果」を読み切れなかった角栄の失墜

「友情は友情、仕事は仕事」

ライバル「角福戦争」の福田赳夫でさえ感情の対立はなかったが……

クーデター

竹下登、金丸信らが「創政会」を設立する

激　怒

信頼していた部下の裏切り

「無理に味方を作るな」という主義の角栄が「無理に味方を作る」状況に

↓

田中派乗っ取り（権力委譲）

「家族と友人」にまつわる角栄の教え④
妻以外の女性との関係

人間関係は人を信用することから

角栄は「義理」「人情」「信」を大切にしていた。

まるでヤクザの美学のようでもあるが、角栄は粘り強く解説している。

「義理とか人情というような言葉が非常に古いものであり、反現代的なものだと考えること自体がおかしいと思う」

そして、そのベースにあるのは「信」だと言っている。

「人間の社会で、〝信〟はすべてのもととなる。〝信〟は万事のもととなる」

角栄は、「人を信用すること、そして人に信用されること」がなくては、人間関係は成り立

たないと言っている。誰もが「そんなの、当たり前の話だ」と一蹴してしまいそうだが、実はこれを丁寧に実践できている人がどれだけいるのか。

信用したばっかりに詐欺師にカネを巻き上げられ、好意を持つ女性に信用されようとしてカネを貸したら逃げられた……などという話はあちこちに転がっている。世知辛い現代で〝信〟を達成することは困難だと言っていい。

しかし、角栄はその〝信〟の上に立って、「義理と人情」を活かしていくことこそに、強くこだわっていた。

角栄が縁を切れなかった二人

総理になる前、秘書の早坂茂三らが、角栄にある進言をしたエピソードがある。

「小佐野と佐藤を、切ってくれませんか。いろいろ問題になる可能性があります」

小佐野とは小佐野賢治、佐藤とは佐藤昭子のことだ。小佐野は「政商」とも「黒幕」とも呼ばれた実業家で、戦後間もない時期から角栄と仲が良かった。裏経済、闇世界とのパイプも持っていたとされ、ロッキード事件の際には国会で証人喚問を受けている。このときの小佐野の答弁、「記憶にございません」は当時の流行語となった。最近でも昭和世代は、ギャグめかして自然に使う言葉となっている。

一方の佐藤昭子は、角栄の片腕秘書で、なおかつ愛人だった。「越山会の女王」とも呼ばれ、地元を中心に角栄の政治活動を取り仕切っていた。角栄と同郷で、年齢は10歳下。知り合ったのはこちらも戦後すぐで、角栄の最初の選挙活動を手伝ったことから関係が生じた。角栄相手にも臆することなく対等に議論を挑み、それが大喧嘩に発展したこともあったという。しかし、それも仲の良さの裏返しだった。

陰で影響力を発揮しているこの二人の存在が露見したら、致命的なことになるのではないか、と危惧した早坂らは、縁を切れと角栄に進言したわけだ。しかし、角栄は涙を流しながら、これを拒絶した。権力者としての地位が揺らぐ危険性を自覚しつつも、角栄は古くからの友人と愛人への「情」を優先したのである。

佐藤に対し「お前は〝女王〟なんだからいいじゃないか。俺は〝闇将軍〟だよ」と、角栄は自虐的に語っていた。また、角栄は佐藤以外にも神楽坂で芸者をしていた辻和子を筆頭に、複数の愛人を抱えていた。

後輩の男たちには、「どんな女でもいい。最後まで面倒みてやれ」と、角栄はアドバイスしていたという。

これは角栄に愛人を多く抱える甲斐性があったからこそだろう。逆に、「俺ほどの甲斐性がないなら、愛人などつくるな」というメッセージにも聞こえる。カネにも権力にも不自由しない段階に駆け上がった角栄ならではであって、一般人がおいそれとマネできるものではない。

角栄は、「女に好かれない男は出世できない」とも断じている。

恋人・愛人との向き合い方

昨今、自分が「非モテ」であることを開き直っている男たちも増えた。だが、それはむしろ行動の選択肢を狭めてはいないだろうか。「モテたい欲求」を充足させるための心理的な努力を放棄してしまっているようにも見える。

角栄のような器や魅力が自分にはなかったとしても、モテるための工夫や努力は必要だろう。誰でも何らかの魅力があるものだ。投げずにその魅力を伸ばしていく試みは、絶やさないほうがいい。

ところで、著名人が不倫して糾弾されるケースが増えた。角栄の時代には、これほどではなかった。もちろん、不倫・浮気は推奨できるものではない。日本の民法では「不貞行為」はダメ、ということに決められている。法律が絶対というわけではないが、少なくとも、一夫一婦制を採用している以上、当たり前の話だろう。

複数の異性との関係を許容するためには、イスラム世界のごとく一夫多妻制、もしくは一妻多夫・多夫多妻という方向を目指さなければいけない。**ちなみにイスラムの一夫多妻も、そう甘い男天国というわけではない。「すべての妻を平等に扱え」というルールがある。それだけのことができる度量や経済力がないと、成立しないのが一夫多妻である。**

タレント・大竹まことの「私は妻と子と愛人のいるごく平凡な男だ」というギャグがある。これがギャグでなくなるような時代は来そうにない。**だが少なくとも、女性への細やかな配慮は最低限、角栄に学んでおきたい。角栄は「恋人の電話番号を書いているようじゃダメ」と言っている。**

いまやケータイに記録されて番号を覚えない時代ではあるが、好きな女のケータイ番号を覚えるぐらいの女性への愛がないと、角栄ほどはモテないのである。

「家族と友人」にまつわる角栄の教え❹

**何よりも「信」に重きを置く角栄が
絶対に縁を切らなかった2人の人物**

小佐野賢治
政商、闇世界とのパイプ役

佐藤昭（後に昭子と改名）
愛人、越山会の女王、金庫番

男気!!
どんな女でも
最後まで
面倒をみる

**多くの信奉者を生み出す一方で
ライバルに利用されてしまった……**

↓

失脚してしまう一因に……

「家族と友人」にまつわる角栄の教え❺

深い愛情を持つ

一人娘の眞紀子を愛していた角栄

角栄の正妻、はなは、一人娘の眞紀子を生んだ。はなが健康上の理由でファーストレディを務められなかったとき、その代理を任されたのが若き日の眞紀子だった。眞紀子は早稲田大学商学部在学中には演劇部に所属し、久米宏や長塚京三とも知己を得ていた。

角栄譲りの眞紀子の卓越した自己表現と強烈なキャラクターや、政界で何かと物議を醸すほどの活躍（?）は周知の通りだろう。

眞紀子の言語・表現能力は圧倒的で、角栄を上回るほどの能弁かもしれない。「政治家は自分一代で終わりだ」と言っていた角栄が、眞紀子の政界進出を許してしまったのも、その能力を高く買っていたからだろう。

ちなみに角栄は競走馬を所有していたが、そのなかに「マキノホープ」というサラブレッドがいた。愛娘の眞紀子から取った馬名だ。

眞紀子は政界に進出し、6回の当選を果たしたが、2012（平成24）年には落選の憂き目にあう。角栄の威光も尽き、メディアによって叩かれた影響もあっただろう。**外務大臣だったときは、角栄と違って官僚たちに嫌われた。角栄と違い、眞紀子は貧困を経験していない。自分より弱い立場の者への理解が少なかったのではないか、という推察も成り立つ。**

また、脳梗塞によって政治活動が思うようにできなくなった角栄の晩年、眞紀子と愛人・佐藤昭子は対立関係になった。そして佐藤は眞紀子にパージされる結果になる。角栄という重しを失って混乱を招いた、と言ってもいいだろう。

角栄の子育て

「親は自分で食うものを削って、せがれや娘に仕送りしているんだ」

1969（昭和44）年、日米安保反対の学生運動が過激だった時代に、角栄はそう言っている。「大学運営臨時措置法」を強行採決で通したときの弁だった。子供は暴れていないで、親の気持ちを理解しろ、というメッセージであった。

しかし、かくいう角栄が眞紀子を甘やかしてきた可能性は高い。甘やかすとまでいかなくとも、心根が優しい角栄としては、眞紀子の強い自我を優先、尊重する教育をしていたのではないだろうか。

それが結果としてどうなったかは置いておくとして、二代目の眞紀子が落選したのは、角栄ほど地元選挙民の信頼を得ていなかったことの証明だ。

子供の教育というのは簡単ではない。甘やかしすぎてもダメだし、厳しすぎてもダメだ。そこにはバランスの取れた細やかさが必要になる。「親がなくとも子は育つ」というのも事実だが、親としては最大限の配慮をして良い子に育てたいのが人情というものだろう。

発達心理学では、人格否定の言葉を子供にぶつけてはいけないというのが通説になっている。もちろん、親も人間だから、虫の居所が悪いときもある。しかし、そこで子供を傷つけてしまってはいけない。「怒る」と「叱る」は似て非なるものだ。

何か子供が悪さをしたとき、「ダメな子ね！」と言うのは禁句だ。「それをやったら、ダメ」

と「ダメな子ね！」は違う。前者は行為を叱っているが、後者は人格否定になってしまう。人格を否定された子供は自己肯定感を育てることができず、思春期あたりから心を病んでしまうことさえある。

「アダルトチルドレン」や「毒親」という存在は、こうした発達心理学を背景に研究されるようになった。

子育ての難しさと角栄の凄味

「行為の否定」と「人格否定」の違いはわかるだろうか？

この区別がつかない親だとしたら、「子育ての資格はない」と断言できる。ダメな親ほど、子供を頭ごなしに否定してしまう。子供が悪さをしたなら、「その悪さが、なぜ悪いのか」という根拠をしっかり説明できる親でないと、子供は正邪の尺度をちゃんと身につけることはできないだろう。

親は背中を見せて無言で子供に語りかける……というのも確かだが、それだけで子供が立派に育つ保証もない。

ただ、角栄の子育てが正しかったか否かを判断することは難しい。眞紀子が遺伝的に素晴らしい才覚を受け継いだのは間違いないが、政治家としての評価はまた別の話となる。

少なくとも、角栄が眞紀子に対して深い愛情を持って接していたことは間違いないだろう。

「子は三界の首枷《くびかせ》」ということわざがある。親の子供への情愛は、ずっと尽きずに束縛される、という意味だ。

親として子供を愛し、夫、妻として配偶者をしっかり愛することができれば、おのずと幸福が見えてくる。

妻子のみならず、愛人の扱いにもたけていた角栄の心理術は、多くの人の参考になる。角栄から我々が学べることは、無尽蔵にあると言ってもいい。

角栄には他人の気持ちを読み取る才能があった。その才能が発揮されたのは、なぜだろうか。

権勢を手に入れた心理術は、どこから来ていたのだろうか?

それは、謙虚に相手の存在を尊重する姿勢を、角栄が見失わなかったからだろう。相手がどんな人物だろうと見下したり、バカにしたりしなかったからこそ、角栄の傑出した心理術は機能したのである。

「家族と友人」にまつわる角栄の教え❺

すべての人に向けられた角栄の傑出した心理術

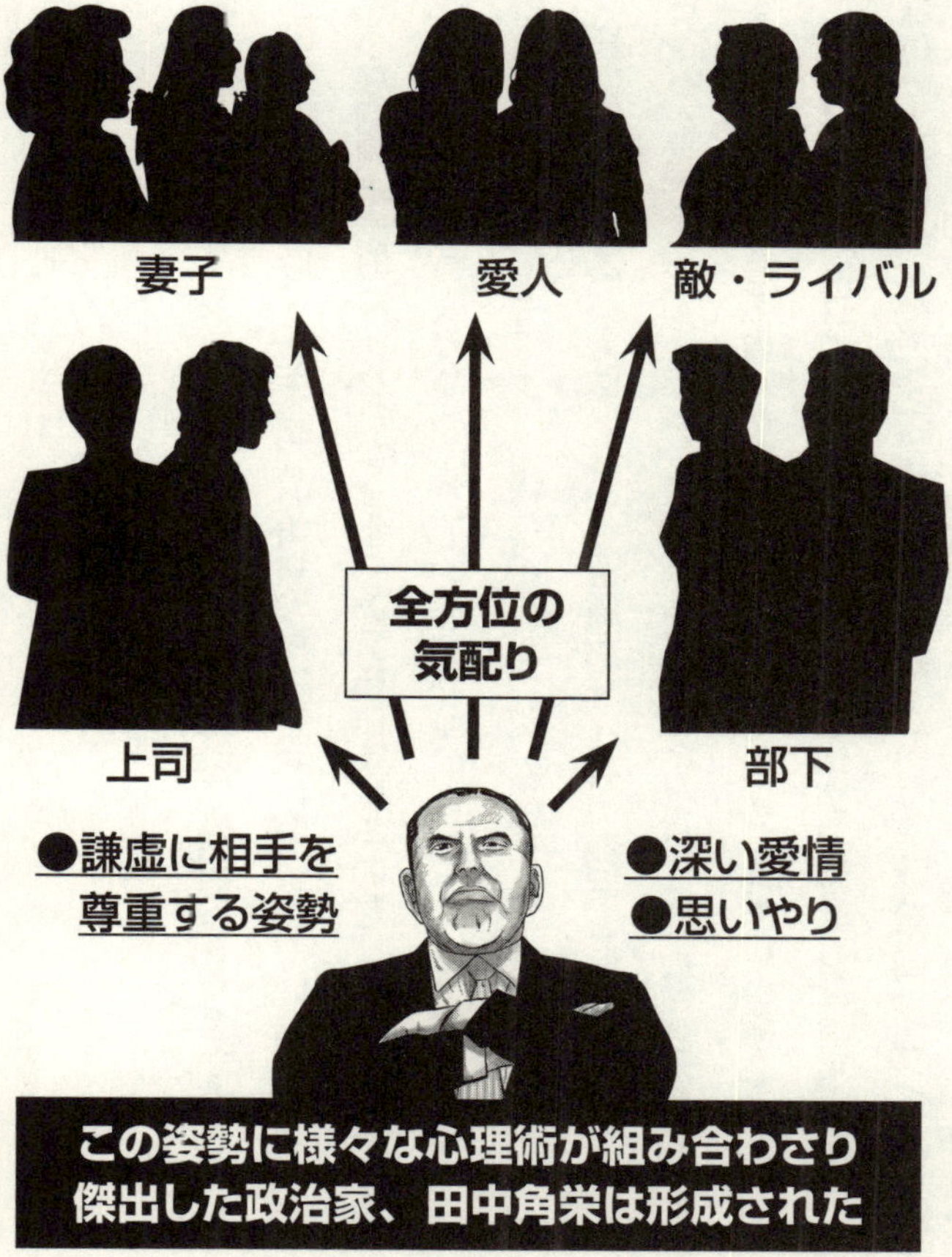
妻子
愛人
敵・ライバル
全方位の気配り
上司
部下
●謙虚に相手を尊重する姿勢
●深い愛情
●思いやり
この姿勢に様々な心理術が組み合わさり
傑出した政治家、田中角栄は形成された

コラム❻

田中角栄、最後の言葉

1985（昭和60）年正月、東京目白にある田中邸において恒例の新年会が催された。多くの田中派の所属議員らは、新年会での角栄の挨拶を楽しみにしていた。毎年、角栄がまるで独演会のような抱腹絶倒のマイクパフォーマンスを披露するのだ。所属議員らを前にご満悦の角栄をはじめ、誰の顔にも笑みがあふれていたという。

だが、その年の角栄は前年までとはまるで様子がちがった。挨拶に立った角栄は、

「沈黙は金なり。長い挨拶をするバカはいない。謹賀新年、正月元旦。これだけだ」

そう言って、さっさと席に戻ってしまったのだ。角栄のマイクパフォーマンスを楽しみにしていた議員らはすっかり肩透かしを食った形となったが、それより角栄の健康を心配する話で持ち切りとなった。マイクの前に立った角栄は、見るからに体調が悪そうだったのだ。

昔から角栄は味付けの濃い食べ物と、「オールドパー」というスコッチウイスキーをこよなく愛し、健康や長寿などという言葉とは無縁の生活を送っていた。

明らかに具合が悪そうな角栄を間近で見る秘書たちは、「どうか病院に行ってください」と医師による診察を勧めたが、角栄は言うことを聞かず、その生活スタイルを変えることはなかったという。

翌1986(昭和61)年の2月、田中派の会合が赤坂で開かれ、角栄も出席。大勢の若い議員らを目の前にした角栄は、

「田中角栄は話を聞かないと若い連中は言う。賢者は聞き、愚者は語る。もっと若い連中の話を聞こう」

そう言って、オールドパーが注がれたグラスを片手に語ったとされる。

だがその後、角栄に若い連中の話を聞く機会は訪れなかった。なぜなら、この翌日に脳梗塞を起こして倒れてしまったからだ。演説の名手と謳われた角栄だったが、聞き役に回ろうと発言したのは、体力的な衰えを自覚していたからだろうか。

倒れて以降、1993(平成5)年12月に亡くなるまで、角栄は公式の場で発言することはなかった。すなわちこれが、「庶民宰相」と親しまれ、「闇将軍」「キングメーカー」と恐れられた稀代の政治家「田中角栄」の最後の言葉だったのである。

あとがき――角栄よ、ふたたび！

その是非、善悪は別にして、角栄が日本の歴史のなかで後世に語り継がれる政治家であることは間違いない。もっとも日本的な感性を持ち、「グレーゾーン」や「あ・うんの呼吸」を見事なまでに活用した角栄のような人物は、きわめて稀有な存在だろう。

原理、原則を心のなかで抱えつつも、それをゴリ押しせずに妥協策をひねり出し、実践していく柔軟性があった。繊細、小心でありながら豪胆でもあった、と言ってもいい。

1985（昭和60）年のプラザ合意を端緒としてバブル経済が暴走しはじめた頃に、角栄は脳梗塞で倒れた。金権政治と批判された角栄どころではない勢いで、世間一般のカネ信仰は過熱していった。折しもそんな時代に、角栄は終活をはじめたのである。

角栄の権勢がエンディングテーマを奏でるきっかけをつくった竹下登という男には、失礼だがいかにも小物っぽい印象がつきまとう。織田信長と明智光秀のような関係でさえある。

だが、角栄の本質は信長のような狂気じみたキャラではなく、「穏やかさも兼ね備えた王道の日本人」という感じではなかろうか。寛容さのなかに秘められた頑固さは、日本の多くの人

角栄の金言
「雪というのはロマンじゃない。生活との戦いなんだ」

が持っている特質でもあるだろう。

ところで、格差が固定化したいまの社会を見たら、角栄はどのように思うだろうか。痩せた貧乏人労働者はいくら努力をしても報われず、太った金持ち投資家は多少失敗しても揺るがない安全な場所を確保している。

日本の格差社会進行の契機と目される金融経済を加速させたビッグバンは、角栄の死から2年後のことだった。そのときの首相、橋本龍太郎は、田中派の血脈を受け継いだ男だった。そして、その格差を決定的にしたと目される構造改革を押し進めた小泉純一郎は、角栄のライバル、福田派の血脈にあった。

角栄がもしもまだ存命だったら、『21世紀の資本』の著者トマ・ピケティが分析した「カネ転がし社会」をどう見ただろうか。「土地転がし」が得意だった角栄だが、自由競争の名のもとに金持ちが既得権益を手放さず、貧乏人が不自由ループから抜け出せない、という不公正な状態を見て、どう感じ、どう行動するのだろうか?

角栄が果たしてどのような政策を考えついていたかは、わからない。だが、多くの人の心を見透かし、空気を読んで、何らかの政策に反映させていったことだけは間違いないだろう。

角栄の金言

「政治とは事を成すということだ。
政治家は人を愛さなきゃダメだ」

巻末史料

田中角栄の75年

1918（大正7）年
- 5月4日、新潟県刈羽郡二田村（現・柏崎市）で、父、田中角次、母、フメの二男として生まれる。長男は夭折していたため、7人の兄弟姉妹で唯一の男児だった（姉2人、妹4人）。

1933（昭和8）年
- 二田高等小学校（現・柏崎市立二田小学校）卒業。卒業式では総代として答辞を読んだ。
- 小学校を卒業後、土木工事の現場で働くが1か月で辞め、柏崎の県土木派遣所に勤める。

1934（昭和9）年
- 3月、理化学研究所が書生に採用するとの話で上京するも、事実は異なり、やむなく井上工業に住み込みで就職。中央工学校の土木科（夜間）にも通う。

1936（昭和11）年
- 3月、中央工学校を卒業し、建築事務所に就職。

1937（昭和12）年
- 独立して「共栄建築事務所」を設立。そのかたわらで錦城商業学校にも籍を置き商業実務を学ぶ。

1938（昭和13）年
- 徴兵検査を受けて甲種合格、陸軍騎兵第3旅団第24連隊へ入隊する。

1939（昭和14）年
- 陸軍へ入営し、北満州へ赴く。

1940（昭和15）年
- 騎兵上等兵となるも、11月にクルップ性肺炎を発症。

1941（昭和16）年
- 2月、病気療養のため日本へ送還され、大阪の病院に入院。
- 10月、陸軍を除隊。
- 11月、東京飯田町（現・飯田橋）に「田中建築事務所」を設立。

1942（昭和17）年
- 3月、事務所の大家の娘である坂本はなと結婚。
- 11月、長男、正法が誕生（4歳で死亡）。

30代前半の頃の田中角栄。

1943（昭和18）年
●12月、事務所を「田中土建工業」と改める。この頃、大手企業から仕事を請けるようになり、年間の施工実績数で全国50傑入りを果たす。

1944（昭和19）年
●1月、長女、眞紀子が誕生。
1945（昭和20）年
●2月、工場の移設工事を請け負って朝鮮半島に渡る。
●第二次世界大戦の終了後、朝鮮半島から帰還。
●田中土建工業の顧問で、進歩党所属の衆議院議員、大麻唯男から要請され、300万円の資金を提供する。

1946（昭和21）年
●資金提供の縁で大麻から誘われ、戦後初めて行われた第22回衆議院議員総選挙に進歩党公認で新潟2区から立候補。だが、候補者37人中、11位（定数8）で落選。

1947（昭和22）年
●4月、進歩党が改組した民主党の公認を受け、第23回衆議院議員総選挙で新潟3区から立候補。候補者12人中3位（定数5）で初当選を果たす。

1948（昭和23）年
●3月、同志クラブから改名した民主クラブが吉田茂が党首を務める日本自由党と足並みを揃えて民主自由党となり、角栄は選挙部長に就任。
●10月、芦田内閣が総辞職し、第2次吉田内閣は始動。角栄は法務政務次官に就任。
●12月、角栄は炭鉱国管疑獄の疑いで逮捕され、東京拘置所に収監される。
●12月23日、衆議院が解散。第24回衆議院議員総選挙が実施され、角栄は獄中立候補する。

1949（昭和24）年
●1月、保釈され、わずか10日間の選挙運動で当選を果たす。

1950（昭和25）年
●4月、炭鉱国管疑獄で一審の東京地裁で懲役6か月、執行猶予2年の判決が出される。
●10月、長岡鉄道（後の越後交通長岡線）の社長に就任。この頃、一級建築士の資格を取得。

1951（昭和26）年
●6月、炭鉱国管疑獄で二審の東京高裁は逆転無罪判決を下す。

1952（昭和27）年
●10月、第25回衆議院議員総選挙で初のトップ当選を果たす。

１９５３（昭和28）年

●4月、母校である中央工学校の校長に就任（１９７２年退任）。

●第26回衆議院議員総選挙で当選を果たす。

１９５４（昭和29）年

●自由党の副幹事長に就任。吉田茂首相の有能なブレーンの一人と目されるようになる。

１９５５（昭和30）年

●2月、第27回衆議院議員総選挙で当選する。

●3月、衆議院商工委員長に任命される。

●保守合同により、自由党は日本民主党と手を組み自由民主党を結党。

１９５７（昭和32）年

●7月、第1次岸信介改造内閣において郵政大臣に就任。戦後では初の30代での大臣就任となる。

１９５８（昭和33）年

●5月、第28回衆議院議員総選挙で当選する。

１９６０（昭和35）年

●11月、第29回衆議院議員総選挙で当選を果たす。また、この年、中越自動車株式会社の社長に就任。

１９６１（昭和36）年

●7月、自由民主党政務調査会長に就任。

１９６２（昭和37）年

●7月、第2次池田勇人改造内閣で大蔵大臣に任命され、第1次佐藤栄作内閣まで留任する。大蔵大臣就任と同時に、角栄を支え続ける早坂茂三を秘書にスカウトした。

１９６３（昭和38）年

●11月、第30回衆議院議員総選挙で当選する。

１９６４（昭和39）年

●父親の角次が78歳で死去。

１９６５（昭和40）年

●6月、大蔵大臣辞任後に自由民主党幹事長に就任。

１９６６（昭和41）年

●社団法人日本空手協会会長に就任（１９６８年に辞任）。

●12月、黒い霧事件の責任をとって幹事長を辞任。

１９６７（昭和42）年

●1月、第31回衆議院議員総選挙で当選。

１９６８（昭和43）年

●11月、自由民主党幹事長に復帰する。

１９６９（昭和44）年

●鈴木直人元衆議院議員の三男である直紀が田中家に婿入りするかたちで長女、眞紀子と結婚。

岸内閣で戦後初の30代での大臣に。

●12月、第32回衆議院議員総選挙で当選を果たす。

1971（昭和46）年

●第9回参議院選挙での自由民主党大敗の責任をとり、幹事長を退任。
●7月、第3次佐藤栄作改造内閣で通商産業大臣に就任。

1972（昭和47）年

●5月、それまでの佐藤派から分離独立するかたちで田中派を旗揚げする。
●6月、『日本列島改造論』（日刊工業新聞社）を上梓する。
●7月、引退した佐藤栄作が推薦する福田赳夫を破り、自由民主党総裁に当選を果たす。
●7月6日、第1次田中内閣が成立。内閣支持率調査で70％前後という高い支持を獲得する。
●9月、ハワイでニクソン大統領との日米首脳会談後、中華人民共和国を訪問、周恩来首相や毛沢東共産党主席と会談する。
●9月29日、日中両国の共同声明により日中国交正常化が成立。
●第33回衆議院議員総選挙において当選。
●12月22日、第2次田中内閣が発足。

1973（昭和48）年

●9月に西ヨーロッパ、10月にソビエト連邦（当時）を訪問。ブレジネフ共産党書記長と会談し、領土問題について話し合う。
●11月、内閣改造を発表し、福田赳夫が大蔵大臣に就任する。

1974（昭和49）年

●7月、第10回参議院選挙で全国を回って応援演説する。
●10月、月刊誌『文藝春秋』に「田中角栄研究」と「淋しき越山会の女王」が掲載される。ジャーナリスト立花隆らが首相の金脈問題について激しく追及する。
●11月、日本外国特派員協会での会見や国会で金脈問題について責められ、ついに第2次内閣改造後に総辞職することを表明。

日中国交正常化で毛沢東主席と握手する角栄。

●12月9日、内閣が総辞職し三木武夫内閣が発足する。

1976（昭和51）年

●2月、ロッキード事件が明らかになる。

●7月27日、5億円の受託収賄罪などの容疑で秘書らとともに逮捕される。逮捕時に自由民主党を離党し無所属となる。

●8月、保釈金2億円で保釈される。

●12月、第34回衆議院議員総選挙でトップ当選を果たす。自由民主党は大敗したため三木内閣は総辞職し、福田赳夫内閣が発足する。

1977（昭和52）年

●ロッキード事件の初公判が開かれ、全面的に容疑を否認する。

1978（昭和53）年

●母親のフメが86歳で死去。

1979（昭和54）年

●第35回衆議院議員総選挙でトップ当選を果たす。自由民主党は大敗を喫し、その後に起きた四十日抗争では大平正芳を支持する。

1980（昭和55）年

●6月、参議院議員選挙との同日開催だった第36回衆議院議員総選挙でトップ当選を果たす。その後に成立した鈴木善幸内閣への支持を表明。

1982（昭和57）年

●11月、上越新幹線が暫定的に開業（大宮—新潟間）。

●第1次中曽根内閣が発足。田中派から6人が入閣したため「田中曽根内閣」と揶揄される。

1983（昭和58）年

●10月、ロッキード事件で一審の東京地裁から懲役4年、追徴金5億円の実刑判決を受け、即日控訴する。

●12月、第37回衆議院議員総選挙で当選する。

1984（昭和59）年

●10月、自民党総裁選では中曽根の再選を支持する。

1985（昭和60）年

●2月、創政会が発足。

●2月27日、角栄は脳梗塞で倒れて逓信病院に入院。言語障害や行動障害が残ったため、政治活動が停止状

ロッキード事件の初公判で東京地裁から退廷する角栄。

態となった。

1986（昭和61）年

●6月、田中事務所が閉鎖される。

●9月、ロッキード事件の2審が開始されるが欠席する。

●7月、後遺症により選挙活動ができないため、越山会の支持者のみが活動したものの、第38回衆議院議員総選挙でトップ当選を果たす。

1987（昭和62）年

●竹下登が経世会を旗揚げし、田中派の大半が参加する。二階堂グループなどは参加しなかったため、事実上、田中派は分裂した。

●7月29日、ロッキード事件の控訴審で、東京地裁は一審判決を支持して控訴を棄却したため、即日上告。

●10月、竹下登が目白の田中邸を訪問するが門前払いされる。後に、民族派団体「皇民党によるほめごろし事件」として顛末が明らかになる。

●11月、竹下内閣が発足。

1989（昭和64）年

●10月、次期総選挙への不出馬を表明。眞紀子の婿である直紀が声明文を代読。

1990（平成2）年

●1月24日、海部俊樹首相が衆議院を解散させたことにより、角栄は政界から引退。衆議院議員勤続43年、当選16回。全国各地にある越山会が解散。

●8月、中国政府からの招待により、眞紀子などが同行して20年ぶりに中国を訪問。

●7月、第40回衆議院議員総選挙で、眞紀子が新潟3区から無所属で出馬し初当選する（後に自由民主党に入党）。角栄は病身を押して地元に入り眞紀子を応援した。

1992（平成4）年

1993（平成5）年

●12月16日、慶應義塾大学病院において75歳で死去。戒名は「政覚院殿越山徳栄大居士」。

●ロッキード事件は被告死亡により、上告審の審理途中で控訴棄却となった。

（了）

図解 田中角栄に学ぶ 最強の実戦心理術

昭和史研究会◉編

Let's Learned from Kakuei Tanaka.
The control way of thehearts
of the people.

平成29年2月22日　第1刷発行

編　者■昭和史研究会

発行人■山田有司

発行所■株式会社　彩図社
〒170-0005　東京都豊島区南大塚3-24-4　MTビル
TEL.03-5985-8213／FAX.03-5985-8224
http://www.saiz.co.jp　https://twitter.com/saiz_sha

編　集■日笠功雄／中田薫（株式会社V1パブリッシング）

本文執筆■栗原正和（本文）／本郷海（コラム）

イラスト■北村永吾

印刷・製本■新灯印刷株式会社

ISBN978-4-8013-0205-1 C0095

※本書は書き下ろしです。